LIEBE LESERINNEN UND LESER

Ein Weinführer für die Hansestadt? Hamburg ist zwar keine Weinbauregion, aber eine Stadt, in der viel Wein getrunken wird. Vor allem in den vergangenen Jahren haben in zahlreichen Stadtteilen Weinläden eröffnet, viele Restaurants punkten nicht nur mit ihren Gerichten, sondern auch mit ihrer Weinauswahl. Weinbars machen in den angesagten Stadtteilen auf, und Händler können bei ihren Weinseminaren über mangelnden Zuspruch nicht klagen. Also: Höchste Zeit für einen Hamburger Wein-Guide!

Insgesamt 80 Weinläden sowie Restaurants oder Bars haben wir aufnehmen können – das ist jedoch nur eine Auswahl aus dem ständig wachsenden Angebot guter Adressen. Bewusst haben wir uns in dieser ersten Ausgabe des „WeinGuide" auch bei den großen Namen der Gourmet-Küche auf wenige konzentriert und dafür einige kleinere originelle Bars und Bistros aufgenommen. Im ergänzenden Adressteil finden Sie noch einmal die gleiche Zahl zusätzlicher Geschäfte, Bars und Restaurants mit ihren Öffnungszeiten.

Als besonderen Service präsentieren alle ausführlich vorgestellten Lokale und Geschäfte drei Weintipps. Mit den

240 vorgeschlagenen Weinen werden Sie sicherlich gut durchs Jahr kommen.

Dazu erzählen wir Ihnen etwas über eine Hamburger Tradition – den Rotspon. Einst Symbol für die enge Verbindung zwischen Bordeaux und der Hansestadt, heute eine liebenswürdige Hamburgensie. Oder über den Weinberg am Stintfang – von den Winzern des Stuttgarter Weindorfs der Stadt gestiftet und für die Gäste von Senat und Bürgerschaft vom Stuttgarter Winzer Fritz Currle gekeltert.

Bei einem großen Weinangebot im Restaurant verliert man leicht die Orientierung. Erste Hilfe freut den Gast – und dafür ist im Restaurant des „Louis C. Jacob“ Lidwina Weh zuständig, eine sympathische Sommelière, deren Porträt Sie ebenfalls im Guide finden.

Viel Freude und anregende Erlebnisse wünscht Ihnen ...

Ihr Hamburger Abendblatt

INHALT

WEISS ODER ROT, DAS IST HIER DIE FRAGE

Es gibt mehr als 2000 Rebsorten, aus denen Wein gemacht werden kann. Sie sind neben der Lage und den Wetterbedingungen, dem Boden, auf dem sie wachsen und dem Ausbau durch den Winzer entscheidend für Geschmack und Charakter des Weines. Wir haben zwölf wichtige ausgesucht, sechs rote und sechs weiße, die in sehr vielen Weinen enthalten sind, und stellen sie kurz vor.

WEISSWEINSORTEN

RIESLING

Das neue Renommee deutscher Weine ist eindeutig mit dem Riesling verbunden. In den eher kühlen Weinbergen Deutschlands – vor allem an der Mosel und ihren Nebenflüssen – erzielt die Sorte ihre besten Ergebnisse. Die Trauben werden spät geerntet und erhalten dadurch ihre besondere Komplexität und Geschmacksfülle. Meist duften Rieslinge nach Zitrusfrüchten, Blumen, auch Honig und Nüssen und haben oft eine mineralische Note. Im Elsass sind die Rieslinge meist süßer und körperreicher, in Österreich kommt die Sorte in Kamp- und Kremstal, vor allem aber in der Wachau vor.

MÜLLER-THURGAU

Erst in den 1990er-Jahren wurde Müller-Thurgau vom Riesling in Deutschland als meistangebaute Sorte abgelöst. Sie entstand aus einer Kreuzung – erdacht von Dr. Hermann Müller aus dem Schweizer Kanton Thurgau – aus Riesling und (anders als jahrzehntelang angenommen) der kaum bekannten Tafeltraube Madeleine royale. Müller-Thurgau ist relativ früh reif, stellt keine großen Ansprüche an Klima und Boden und bringt verlässlich hohe Erträge.

Die Masse der Weine fällt recht nichtssagend aus, gute Ergebnisse bringt sie in Norditalien, vor allem in Südtirol.

CHARDONNAY

Eine der beliebtesten Rebsorten weltweit ist Chardonnay, die sich auf allen Kontinenten wohlfühlt. In Übersee sind Weine dieser Sorte oft alkoholreich, in Eichenfässern ausgebaut und von süßem Geschmack, sodass sie vor allem von Wein-Novizen geschätzt werden. Zur Hochform läuft Chardonnay im Burgund auf, wo er sich vollmundig und körperreich zeigt und einige der besten Weine der Welt hervorbringt. Im Champagner wird er reinsortig als Blanc de Blancs ausgebaut oder in der Cuvée mit den roten Sorten Pinot noir und Pinot meunier.

SAUVIGNON BLANC

Eine rassige Säure und Aromen von Stachelbeeren und Brennnesseln sind charakteristisch für den Sauvignon Blanc. Die Trauben sollten nicht zu spät geerntet, die Weine nicht zu spät getrunken werden – Sauvignon Blanc lebt von seiner jugendlichen Frische. Die Loire ist die Heimat der Sorte, und die besten Ergebnisse erzielt sie in Sancerre. In Bordeaux taucht die Sorte meist in einer Cuvée mit Sémillon auf, sehr gute Weine stammen aus Marlborough auf der neuseeländischen Südinsel sowie aus kühleren Regionen in Australien oder aus Südafrika.

GRAUBURGUNDER

Als Pinot Grigio hat der Wein in der deutschen Szenegastronomie großen Erfolg, obwohl er geschmacklich oft nicht viel zu bieten hat. Grauburgunder hört sich zwar nicht so toll an, doch badische Weine dieser Sorte schlagen ihre Verwandten jenseits des Brenners bei Weitem und vertragen auch gut eine Lagerung im kleinen Eichenfass. Beliebt ist Grauburgunder vor allem als Begleiter zu Spargelgerichten. Sehr füllig und meist etwas süßer fällt er als Pinot gris auf der westlichen Rheinseite, im Elsass, aus.

GRÜNER VELTLINER

Noch vor wenigen Jahren war es mit dem internationalen Ansehen des Grünen Veltliners, der beliebtesten Traube Österreichs, nicht so weit her. Doch heute sind Weine dieser Rebsorte auf dem Markt – fein, körperreich und auch alterungsfähig –, die es mit großen Weißen aus aller Welt aufnehmen können. Typisch für gut gemachte Grüne Veltliner sind Noten von weißem Pfeffer, das sogenannte Pfefferl. Die reifsten und alkoholreichsten Weine heißen in der Wachau „Smaragd“, danach folgen die Kategorien „Federspiel“ und „Steinfeder“. Beachtliche Kreszenzen kommen auch aus dem Weinviertel sowie dem Kamp- und Kremstal.

ROTWEINSORTEN

CABERNET SAUVIGNON

Traditionelles Anbaugebiet für Cabernet Sauvignon ist Bordeaux, dort vor allem das Rive gauche, die linke Seite der Gironde mit den berühmten Châteaux wie Lafite oder Mouton Rothschild. Die Rebsorte reift spät und braucht viel Sonne, da die Weine sonst unangenehme Töne nach grüner Paprika aufweisen. Die Trauben sind tanninreich, die Beerenhaut ist dick, die Weine sind sehr dunkel. Gute Cabernets können lange lagern, entwickeln erst nach zehn Jahren ihre Trinkreife und schmecken kräftig mit dem Aroma schwarzer Johannisbeeren. Oft wird die Sorte mit Merlot verschnitten. Weitere hervorragende Cabernets entstehen im Napa Valley in Kalifornien.

MERLOT

Im Bordeaux-Gebiet hat diese Rebsorte zwei Funktionen: Im Médoc, auf der linken Seite des Flusses, dient die Rebsorte dazu, die oft harten Cabernet-Sauvignon-geprägten Weinen runder und harmonischer zu machen. In St-Emilion und Pomerol, auf der rechten Seite der Gironde, spielt sie die Hauptrolle und kommt in manchen Jahren im legendären Pétrus sogar ganz ohne Partner aus. Die Weine von dort verströmen das Aroma saftiger Pflaumen, sind sinnlich und vollmundig. Den Gaumen schmeichelnde Merlots kommen aus Kalifornien, für opulente Tropfen dieser Sorte ist Chile bekannt.

SYRAH

Die Australier nennen ihn Shiraz, die Franzosen Syrah – gemeint ist die gleiche Rebsorte. Während er in Übersee meist mollig und rund daherkommt, zeigt er sich an der Rhône von seiner feinen Seite. Im nördlichen Rhône-Gebiet besitzen Syrah-Weine meist einen Duft nach schwarzem Pfeffer, dazu tolle würzige Noten und Aromen von Bitterschokolade. An der südlichen Rhône taucht Syrah oft in einer Cuvée mit Grenache und Mourvèdre auf, auch im Languedoc ist die Sorte deutlich im Vormarsch.

PINOT NOIR

Eine der kapriziösesten Rebsorten weltweit ist Pinot Noir. Sie stellt höchste Ansprüche an Boden, Klima und das Können der Winzer. Die berühmtesten Weine aus dieser Sorte stammen aus dem Burgund, der wohl legendärste ist La Romanée-Conti. Die Trauben reifen relativ früh aus. Stammen sie aus wärmeren Regionen, schmeckt der Wein oft marmeladig. Im Champagner ist Pinot Noir ein wichtiger Partner in der Cuvée, aus Deutschland kommen zunehmend konzentrierte und geschmackvolle Pinots – hier als Spätburgunder bekannt. Gute Weine dieser Sorte stammen auch aus Kalifornien, Oregon und Neuseeland.

GRENACHE

Die Sorte gehört zu den weltweit am meisten angebauten roten Reben. Doch man würde ihr bitter Unrecht tun, würde man sie als Massenprodukt abstempeln. Die Rebsorte ist die wichtigste in Châteauneuf-du-Pape, einer der berühmtesten Weine an der unteren Rhône, Château Rayas, ist sogar ein reinsortiger Grenache. Auch im Priorat in der Nähe von Barcelona, dem kleinen Anbaugebiet mit den großen Weinen, spielt sie eine wichtige Rolle. Überhaupt entstehen im Norden Spaniens aus Garnacha – wie sie hier heißt – viele reichhaltige und würzige Rote.

SANGIOVESE

Chianti, Brunello di Montalcino, Vino Nobile di Montepulciano – das sind Weine, die vielen bekannt sind. Die dahinterstehende Rebsorte, die Sangiovese, ist nur Kennern ein Begriff. Das ist nicht erstaunlich, denn sie wurde früher mit viel zu hohen Erträgen gelesen und ergab dünne, blässliche Weine mit grünen Tanninen. Zudem war es lange Zeit erlaubt, einem Chianti weiße Trebbiano-Trauben zuzugeben. Heute entstehen aus der Sorte interessante Chiantis, kraftvolle, lange lagerfähige Brunellos sowie dessen nur jünger trinkbare Verwandte Rosso di Montalcino.

VINOTHEKEN

ANDRESEN – WEINE UND SPIRITUOSEN

Bernd Andresen ist ein Genussmensch und steht mit Herz und Gaumen zu seinen Weinen. Auch zu den Whiskys in seinem Angebot – vor allem schottischen – hat er viel zu erzählen. Zudem ist er leidenschaftlicher Zigarrenraucher, der einiges weiß über die ideale Liaison zwischen einer Cohiba und einem Single Malt oder einem gereiften Burgunder. Frankreich steht bei seiner Weinauswahl im Vordergrund, und zwar alle Regionen unseres Nachbarlandes, doch in puncto Burgund gilt er als absoluter Experte. So jemanden braucht man in Hamburg, will man in das verzwickte System dieser Region mit ihrem Mosaik verschiedenster Terroirs eintauchen und herausfinden, was etwa einen Gevrey-Chambertin von einem Puligny-Montrachet unterscheidet, was das Grandiose eines Romanée-Conti ausmacht oder welcher Chablis zu empfehlen ist. Zudem sind die meisten Regionen Italiens bei „Andresen Weine & Spirituosen" vertreten, die wichtigsten Anbaugebiete in Deutschland sowie aus Spanien Rioja, Ribera del Duero, das Priorat und Navarra.

ADRESSE
Poelchaukamp 8
22301 Hamburg, Winterhude
Tel. 27 28 17
Fax 27 28 17
info@andresen-weine.de
www.andresen-weine.de

ÖFFNUNGSZEITEN
Mo – Fr 11 – 19.30 Uhr,
Sa 10 – 16 Uhr

NAHVERKEHR
Bus 6, 25 Goldbekplatz

INHABER
Bernd Andresen

SCHWERPUNKTE
Frankreich, Italien,
Deutschland, Spanien

ANGEBOT
850 Weine

EMPFEHLUNGEN

2009 Weingut Ludwig Thanisch & Sohn, Mittelmosel, Riesling, Gutsabfüllung, 5,95 Euro (Literflasche)
Leicht, fruchtig, spritzig, naturrein, mineralisch vom Schiefer geprägt. Ein wunderbarer, Trinkwein.

2007 Mas Thélème, Pic Saint-Loup, „Carpe Diem“, Coteaux du Languedoc A. C. 9,95 Euro
Per Handlese geernteter Rotwein aus alten Reben von Syrah, Grenache und Cinsault. Eleganter Mund mit weich eingebundenen Tanninen. Perfekt zu rotem Fleisch und reifem Käse.

2007 Meursault „Les Grands Charrons“ A. C., Erzeugerabfüllung Michael Bouzerau, 35 Euro
Frischer, klassischer Meursault mit der vollen Frucht des Chardonnay. Präsente Aromen von Birne und Haselnuss. Langer Abgang mit leichtem Einfluss von neuer Eiche. Wunderbarer Begleiter zu Geflügel und weißem Fisch.

DER BOCKSBEUTEL – VINOTHEK

Eine Marktnische in bester Lauflage der Colonnaden hat sich ein Stammpublikum erobert. Konsequent werden hier nur Frankenweine verkauft und ausgeschenkt. Deren charakteristische bauchige Flaschenform hat dem „Bocksbeutel" seinen Namen gegeben. Dietlinde Harm-Reber versteht ihren Laden als klassische Vinothek, also als Kombination von Weinhandel und Bistro. Die Weine stammen von den privaten Spitzenweingütern Frankens, die Weinmacher sind dem „Bocksbeutel" seit vielen Jahren persönlich bekannt. Neben den weißen und roten Frankenweinen sind Winzersekte und fränkische Spirituosen im Angebot. An Bistrotischen vor der Tür oder im gemütlichen Gastraum kann man alle Weine glasweise bestellen, bestens, um dann von den Favoriten ein paar Flaschen mit nach Hause zu nehmen. Lecker: Wildschweinterrinen, Pastete, Weingelees und fränkische Würste oder andere Spezialitäten fränkischer Delikatess-Manufakturen werden ebenfalls verkauft. Wer sich tagsüber im „Bocksbeutel" ein Gläschen genehmigt, kann dazu Weingebäck oder Brezeln knabbern oder frisch zubereitete fränkische Wein-Tapas genießen.

ADRESSE
Colonnaden 54
20354 Hamburg, Neustadt
Tel. 46 11 46
Fax 46 33 04
mail@derbocksbeutel.de
www.derbocksbeutel.de

ÖFFNUNGSZEITEN
Mo – Sa 10.30 – 20 Uhr
Sonn-und feiertags 15 – 19 Uhr

NAHVERKEHR
U1 Stephansplatz, U2 Gänsemarkt, Bus 4, 5, 109, 34, 36 Stephansplatz

INHABER
Dietlinde Harm-Reber

SCHWERPUNKTE
Frankenweine und fränkische Delikatessen

ANGEBOT
27 Weine, davon 17 offen

EMPFEHLUNGEN

2008 Schwane-Müller, Müller-Thurgau, trocken, Weingut „Zur Schwane", Volkach, 5,80 Euro
Leichte Muskatnote, frisch und saftig, sehr süffig.

2009 Frickenhäuser Kapellenberg, Silvaner Kabinett, trocken, Weingut Meintzinger, Frickenhausen, 8,60 Euro
Kraftvoll, würzig, ein herzhafter Frankenklassiker.

2007 Frühburgunder, Barrique, trocken, Weingut Rudolf Fürst, Bürgstadt, 27,60 Euro
Elegante seidige Fruchtfülle, herrliche Noten von Blaubeeren, mindestens 15-monatige Reifung im Barrique.

CASTEL COSIMO

Wer hier ein weinseliges Ambiente mit viel Stimmung erwartet, dürfte enttäuscht werden. Die Weine werden schlicht kartonweise mit großen Preisschildern präsentiert. Doch der vergleichsweise günstige Preis überzeugt viele. Mancher Käufer, der sich etwas in Italien auskennt, findet hier echte Schnäppchen. Bereits 1972 begann die Familie Thiel, sich mit Wein zu beschäftigen. Doch es brauchte einige Jahre, bis sie sich 1984 voll auf Italien konzentrierten. Aleksandar und Claus Thiel besitzen heute vier Geschäfte unter dem Namen „Castel Cosimo“ in Hamburg, in denen Italienfreunde Weine aus allen Regionen des Landes erhalten, dazu Spirituosen und kulinarische Spezialitäten. Vor allem die Toskana, Piemont und Friaul sind vertreten, aber auch eine gute Auswahl aus Südtirol, dem Veneto, Sardinien, Sizilien und Süditalien. Hinzu kommen seit einiger Zeit auch einige Spanier aus La Mancha, Rueda und Ribera del Duero. Und wer sich nicht ganz sicher ist, kann sich vor Ort überzeugen: Alle Weine bis zu einem Verkaufspreis von 12,95 Euro können kostenlos probiert werden.

ADRESSE

Heidenkampsweg 84
20097 Hamburg, Hammerbrook
Tel. 23 44 43
Fax 23 03 86
info@castelcosimo.de
www.castelcosimo.de

ÖFFNUNGSZEITEN

Mo – Mi 15 – 18.30 Uhr, Do 15 – 19 Uhr,
Fr 11 – 18.30 Uhr, Sa 10 – 15 Uhr

NAHVERKEHR

S3 Hammerbrook, Bus 25 Süderstraße

INHABER

Claus Thiel

SCHWERPUNKTE

Italien mit großem Angebot zur Toskana, Spanien, vor allem mit La Mancha, Rueda, Ribera del Duero. Mehrere Aktionen im Jahr, bei denen einzelne Regionen Italiens kulinarisch vorgestellt werden. Mehrere Filialbetriebe in Hamburg, siehe Adressliste ab Seite 193

ANGEBOT 250 Weine

EMPFEHLUNGEN

2009 Catarrato Sicilia IGT Riva, weiß, Weingut Vaccaro, Salaparuta, Sizilien, 4,40 Euro
Castel Cosimos Alternative zum „Regaleali“, trocken, geradlinig, sehr frisch, zart fruchtbetont.

2007 Sant’ Antimo Rosso DOC, Weingut La Velona, Montalcino-Toskana, 9,75 Euro
Der Geheimtipp für Brunello-Fans! Auch zu 100 Prozent aus Sangiovese-grosso-Trauben gekeltert, 15,3 Prozent Alkohol, harmonisch-weiche Tannine.

2009 Vinschgauer Riesling DOC, Weingut Falkenstein, Naturns Südtirol, 19,90 Euro
Ein Rheinriesling der Extraklasse, fruchtig und extraktreich aus dem Vinschgau, daher die Mineralität. Italiens Spitzengastromie steht Schlange, um bei Franz Pratzner Weine zu ergattern.

LE CHÂTEAU

Sein Großvater besaß einen Weinberg, nicht groß, gerade einmal zwei Hektar. Doch dieses Leben auf einem Weingut hat Martial Bourgoin geprägt und den Grundstein für seinen heutigen Beruf als Weinhändler gelegt. Geboren ist er in Paris, aber aufgewachsen in Le Mans, die besten Weinanbaugebiete der Loire liegen um die Ecke. Als er nach Hamburg kam, arbeitete er in den erstklassigen Häusern an der Elbchaussee – im „Le Canard“ und im „Landhaus Dill“. Im Jahr 1993 machte er sich dann selbstständig und betreibt seitdem das „Le Château“ im Elbe-Einkaufszentrum. Nicht erstaunlich: Französische Weine bilden den Schwerpunkt seines Programms – wobei er auch Magnum und Doppelmagnum anbietet –, ansonsten präsentiert er eine internationale Auswahl. Ein paar Tische hat Martial in seinem Laden stehen, an denen man glasweise die feinen Tropfen genießen kann – zum Entspannen nach einem stressigen Einkauf oder um Kraft zu tanken für die nächste Shoppingtour.

ADRESSE

Osdorfer Landstraße 113–115
22609 Hamburg, Osdorf
Tel. 80 11 63
Fax 602 33 31
lechateaumartial@t-online.de

ÖFFNUNGSZEITEN

Mo–Sa 10–20 Uhr

NAHVERKEHR

Bus 1, 21, 186 Elbe-Einkaufszentrum

INHABER

Martial Bourgoin

SCHWERPUNKTE

Frankreich

ANGEBOT

600 Weine

EMPFEHLUNGEN

2009 Domaine Pellehaut, Côtes de Gascogne, Mathieu Béraut, 5,50 Euro
Fruchtig, frisch, Zitrusnoten, leicht.

2008 Scheurebe, Juliusspital, Qualitätswein, Franken, 6,90 Euro
Fein, herb, ideal zu Salaten, asiatischer Küche, Suppen, Salaten.

2007 Viu Manent, Chile, Cabernet Sauvignon, 18,90 Euro
Trocken, vollfruchtig ohne Gerbstoffe.

ENOTECA IM HANSEVIERTEL

Die Lage ist genial, ins Hanseviertel strömen Hamburger ebenso wie Besucher aus dem Umland und aus Skandinavien. „Enoteca“ kommt aus dem Italienischen und heißt so viel wie Weinhandlung. Und Weine aus Italien stehen auch im Mittelpunkt des Programms in diesem Weinladen, dessen Team seit mehr als zehn Jahren seine Kunden verwöhnt. Hier findet man sowohl die bekannten Gewächse aus der Toskana und dem Piemont als auch noch unbekannte Produkte von Winzern aus anderen Regionen – aus dem Süden Italiens und von Sardinien und Sizilien. Auch andere europäische Weine sind im Programm: Deutschland, Frankreich und Spanien, auch mancher Tropfen aus Übersee. Wer auf der Suche nach einem Geschenk rund um den Weingenuss ist, könnte hier hier fündig werden. Korkenzieher, Gläser, ein Weinspiel im Stil von „Trivial Pursuit“, kleine Knabbereien und alles, was der Gourmet noch gern mag – von Aceto Balsamico über erlesenes Olivenöl bis hin zu Feinkost aus handwerklicher Produktion. Exzellent das Angebot hochwertiger Brände, Whisky, Grappa oder Wodka in dekorativer Verpackung.

ADRESSE
Große Bleichen 36
20354 Hamburg, Neustadt
Tel. 35 71 43 93
Fax 35 71 43 95
info@enoteca-hamburg.de
www.enoteca-hamburg.de

ÖFFNUNGSZEITEN
Mo – Sa 10 – 20 Uhr

NAHVERKEHR
S1, S2, S3, U1, U2 Jungfernstieg,
Bus 4, 5 Jungfernstieg

INHABER
Holger Düker

SCHWERPUNKTE
Italien

ANGEBOT
600 Weine, 400 Spirituosen

EMPFEHLUNGEN

2009 Domaine La Hitaire-Les Tours, Gascogne, Frankreich, 4,95 Euro
Cuvée von Ugni Blanc, Colombard und Gros Manseng mit leicht exotischen Aromen von Blüten und saftigen Zitrusfrüchten.

2009 Cantina Terlan, Terlaner classico, Alto Adige/Südtirol, Italien, 9,95 Euro
Cuvée von Weißburgunder, Chardonnay und Sauvignon Blanc mit blumigem und fruchtigem Duft sowie Anklängen von Äpfeln und tropischen Früchten.

2001 Antinori, Marcheses Antinori, Chianti Classico Riserva, Italien, 24,95 Euro
Ein zwölf Monate im Barrique ausgebauter Rotwein aus Sangiovese und Cabernet Sauvignon, der im Aroma an Kirschen, Veilchen und Tabak erinnert. Dieser Wein wird nur in guten Jahren produziert!

EURO WEIN KONTOR

Ein paar Schritte abseits der Langen Reihe, gegenüber der Domkirche von St. Marien geht es einige Stufen hinunter – und die Welt der europäischen Weine tut sich einem auf. Der beste Weinladen St. Georgs und sicherlich eins der Geschäfte mit der profiliertesten Weinauswahl in ganz Hamburg ist das „Euro Wein Kontor". Der Name des vor zehn Jahren gegründeten Geschäfts ist Programm – Übersee findet hier nicht statt. Der Schwerpunkt liegt auf Weinen aus Frankreich, speziell Bordeaux, es folgen Deutschland, Spanien, Italien und Österreich. Inhaber Olaf Nöller gilt als exzellenter Kenner von Bordeaux-Weinen und arbeitet mit Winzern zusammen, deren Philosophie sich mit seiner deckt: Wein wird vor allem am Weinberg gemacht, nicht im Keller. Er muss Individualität besitzen, ein eigenes Profil, gern auch Ecken und Kanten und den Charakter des Jahrgangs zeigen. Dann ist Nöller zufrieden und lädt seine Kunden zu regelmäßigen Weinproben ein, bei denen zum Beispiel rebsortenreine Weine, Gewächse aus Frankreich oder deutsche Rotweine vorgestellt und verkostet werden.

ADRESSE
Danziger Straße 37–39
20099 Hamburg, St. Georg
Tel. 49 22 26 00
Fax 49 22 25 99
info@euroweinkontor.de
www.euroweinkontor.de

ÖFFNUNGSZEITEN
Mo–Sa 11.30–20 Uhr, Sa 10–16 Uhr

NAHVERKEHR
Bus 6 Gurlittstraße

INHABER
Olaf Nöller

SCHWERPUNKTE
Nur Weine aus Europa, Schwerpunkt ist Frankreich

ANGEBOT
600 Weine

EMPFEHLUNGEN

2009 Colombelle de France, Prod. Plaimont, Colombard, Listan, Ugni blanc, VdP der Côtes de Gascogne, 4,90 Euro
Exotische Früchte, Noten von Pfirsich und Melone, sehr frisch und weich. Super Terrassenwein.

2007 Chardonnay – Elevé en fûts de Chène, Domaine de Montarels, VdP Côtes de Thongue, 7,90 Euro
Cremige und edle Röstaromatik, reifer, intensiver Duft nach Apfel, Birne und Ananas, schöne Intensität und milde Säure.

2003 Château Le Pin Beausoleil, 60 % Merlot, 20 % Cabernet-Franc, 17 %Cabernet-Sauvignon, 3 % Malbec, Bordeaux Sup, 19,90 Euro
Vielschichtiger Duft, satte Beerigkeit, saftig und herb mit einer intensiven Frucht und weichen Tanninen.

GRANDE MERCATO ANDRONACO

Begonnen hat alles im Jahr 1983 mit einem Obst-und-Gemüsestand am Barmbeker Bahnhof. Später, als Vincenzo Andronaco bereits als Großhändler aktiv war, kamen auch italienische Lebensmittel und Weine hinzu, bis erstmals 2001 der „Grande Mercato Andronaco" in Billbrook auch für Endverbraucher seine Tore öffnete. Drei Jahre später wurde dann der Laden in Bahrenfeld eingeweiht. Nur italienische Produkte sind bei Andronaco erhältlich, von Pasta über Schinken, Käse, Essig, Öl – bis hin zu Wein. Auch der kommt ausschließlich aus Italien, und zwar eine großartige Auswahl aus nahezu allen Regionen, nur das Aostatal und Ligurien sind nicht vertreten. In der riesigen Halle findet man preiswerte Weine ebenso wie die ganz großen Namen, deren Tropfen auch in Magnum- und Doppelmagnum-Flaschen erhältlich sind. Guido Morganti, der Leiter der Weinabteilung, entstammt einer Piemonteser Winzerfamilie und freut sich besonders darüber, dass sich die Weine aus seiner Heimat wieder im Aufschwung befinden. Den größten Boom erleben jedoch gegenwärtig Rote und Weiße aus Sizilien. Das Bistro serviert Pasta und andere Tellergerichte zu unverschämt günstigen Preisen.

ADRESSE

Halskestraße 48
22113 Hamburg, Billbrook
Tel. 78 08 13 51
Fax 78 08 13 570
vertrieb@andronaco.de
www.andronaco.de

Beerenweg 24–26,
22761 Hamburg, Bahrenfeld
Tel. 85 17 90 13

ÖFFNUNGSZEITEN

Mo–Fr 9–19 Uhr, Sa 9–18 Uhr

NAHVERKEHR

S 21 Billwerder Moorfleet,
(Halskestr.),Bus 2
Bornkampsweg (Beerenstr.)

INHABER

Vincenzo Andronaco

SCHWERPUNKTE

Italien

ANGEBOT

800 Weine

EMPFEHLUNGEN

2009 Merlot IGT „Feudo di Maria“, Sizilien, 4,45 Euro
Wein mit intensiv rubinroter Farbe. Das Bouquet erinnert an Pflaumen und Gewürze. Im Geschmack weich mit eleganten Tanninen. Lang anhaltender Abgang.

2007 Monti Garbi Valpolicella Superiore Ripasso DOC, „Tenuta Sant Antonio“, Venetien, Corvina, Rodinella, Croatina, Oseleta, 7,95 Euro
Wein mit intensiv rubinroter Farbe. Das Bouquet erinnert an rote Früchte mit beerigen Nuancen und einer dezenten Holznote. Im Geschmack weich, harmonisch mit fruchtigen Noten und gut eingebauten Tanninen. Langer aristokratischer Abgang.

2004 Barolo Lecinquevigne DOCG „Damilano“ , Nebbiolo, Piemont, 27,95 Euro
Wein mit granatroter Farbe und orangefarbenen Reflexen. Komplexes Bouquet mit Noten von Lakritze und Kakao. Im Geschmack vollmundig, körperreich mit weichen Tanninen. Langer aristokratischer Abgang.

GRÜNER VELTLINER

Die Anzahl der Weine mag zwar nicht so gewaltig erscheinen – doch Claus-Peter Eichstaedt bietet in seinem Geschäft ausschließlich Weine aus Österreich, und aus diesem Land stammt gerade einmal ein Prozent der Weltweinproduktion. „Grüner Veltliner" heißt der Laden, benannt nach der ureigenen österreichischen Rebsorte, die neben dem Riesling die Hauptrolle in den Weinbergen unseres Nachbarlandes spielt, zumindest wenn es um Weißwein geht. In der Wachau unterscheidet man dabei die leichte Variante Steinfeder mit maximal 11,5 Prozent Alkohol, Federspiel mit bis zu 12,5 Prozent und schließlich den fülligeren und lagerfähigen Smaragd. Alle Varianten sind bei Eichstaedt erhältlich, der sich seit 1997 um Importe aus Österreich kümmert und mit dazu beigetragen hat, dass die österreichischen Weine in Hamburg einen guten Ruf genießen. Die Massenweine aus dem Supermarktregal und die hochgelobten Stars der Szene sind jedoch nicht sein Ding. Er konzentriert sich auf Winzerpersönlichkeiten, deren Qualitäten außergewöhnlich gut, aber hier noch nicht so bekannt sind.

ADRESSE

Mozartstraße 4
22083 Hamburg, Uhlenhorst
Tel. 46 07 37 74
Fax 46 07 37 75
kontakt@gruener-veltliner.de
www.gruener-veltliner.de

ÖFFNUNGSZEITEN

Mo – Mi 15 – 19 Uhr,
Do – Fr 12 – 19 Uhr, Sa 10 – 15 Uhr

NAHVERKEHR

Bus 25 Hebbelstraße

INHABER

Claus-Peter Eichstaedt

SCHWERPUNKTE

Weine, Sekte, Brände, Öle und Essig aus Österreich, Verkostungen alle vier Wochen.

ANGEBOT

170 Weine

EMPFEHLUNGEN

2009 Grüner Veltliner Löss, Ludwig Hiedler, Kamptal, 7,35 Euro
Helles Grün-Gelb, charmante Nase mit dezenter Apfelfrucht und grünen Kräutern. Zart pfeffrig, am Gaumen Stachelbeeren, im Hintergrund exotische Frucht, saftig mit guter Länge, 12 % Alkohol, trocken.

2007 Cuvée Heideboden, gsellmann und hans, Gols beim Neusiedlersee, 14,99 Euro
Cuvée aus Blauem Zweigelt, Blaufränkisch und Merlot. Dunkelrubingranat, in der Nase Waldbeeren, auch Kräutergarten, am Gaumen elegant und harmonisch, Johannisbeeren-Kirschfrucht, zarte Röstaromen, langer und harmonischer Abgang, 13 % Alkohol, trocken.

GUTER WEIN!

Vor acht Jahren kam Torsten Tesch auf eine geniale Idee: Als er mit seinem Geschäft vom Lehmweg ein paar Straßen weiter in den Eppendorfer Weg umzog, war dies gleichzeitig die Geburtsstunde des ersten Weinladens in Hamburg, in dem man sich auch auf ein Glas (oder mehrere) hinsetzen und mit Freunden den Abend durchklönen konnte – Weinbars waren ansonsten Anfang dieses Jahrtausends noch nicht angesagt. Heute hat sich diese Bar zu einem veritablen Bistro mit Tapas und einer ansehnlichen Speisenkarte erweitert. Doch der Schwerpunkt liegt weiterhin auf dem Verkauf im Weinladen – Südfrankreich ist stark vertreten, dazu Bordeaux, Spanien, Italien und Deutschland. Drittes Standbein bei „Guter Wein!" sind die Veranstaltungen. Torsten Tesch bietet Weinseminare für Einsteiger an, bei denen Geruchs- und Geschmackssinn geschult werden und die Teilnehmer die einzelnen Anbaugebiete kennenlernen. Hinzu kommen Weinproben, bei denen es um Rebsorten, Regionen, Boden und Klima geht – und natürlich um viel Spaß beim Verkosten.

ADRESSE

Eppendorfer Weg 176
20253 Hamburg, Hoheluft
Tel. 42 91 38 55
Fax 42 91 83 31
info@guter-wein-hamburg.de
www.guter-wein-hamburg.de

ÖFFNUNGSZEITEN

Mo–Fr ab 15 Uhr, Sa ab 12 Uhr

NAHVERKEHR

U3 Hoheluftbrücke,
Bus 5 Eppendorfer Weg Ost

INHABER

Torsten Tesch

SCHWERPUNKTE

Südfrankreich, Bordeaux, Spanien, Italien, Deutschland

ANGEBOT

Flaschenweine 400,
offene Weine 20–30

EMPFEHLUNGEN

2008 Le Vin Mediterrané, Domaine Cascavel, Olivier Baguet und Raphaël Trouillet, Grenache und Merlot, Rhône-Côtes du Ventoux, 5,95 Euro
Runder, vollmundiger Wein mit frischen Aromen, dazu ein Hauch von Marzipan und schwarzer Johannisbeere.

2007 Mas de Leda, Bodegas Leda, Alberto und Mariano Garcia, Tempranillo, Barrique, Ribera del Duero, 14,95 Euro
Vollmundiger, eleganter Wein mit gut eingebundenen Tanninen. Im Mund ein komplexes Aromenspiel von schwarzer Johannisbeere, süßen Schwarzkirschen und Pflaume. Ein Genuss!

2005 Don Antonio, Antonio Morgante, Nero d'Avola, Barrique, Sizilien, 24,95 Euro
Ein ungeheuer reifer, tiefer und sehr kräftiger Wein mit Geschmack von satten, dunklen Früchten, frischem Holz und einem Hauch Vanille. Extrem lang und finessenreich: ein Gedicht für Genießer!

HANSEATEN SELECT

Vor drei Jahren verlegte Mike Brede seinen Laden aus der Innenstadt in die Oberhafenstraße – für das expandierende Geschäft mit seinem reichhaltigen Angebot war der Platz zu eng geworden. Jetzt hat er zwar weniger Laufkundschaft, zumal die Fertigstellung der südlichen HafenCity sich weiter hinzieht, dafür aber Parkplätze vor der Tür. Doch Einzelflaschenverkauf ist sowieso nicht sein Hauptgeschäft. Brede setzt konsequent auf Liefer- und Präsentservice. So bietet er zu Weihnachten diverse Pakete mit französischen Delikatessen – Saucen, Konfitüren, Schokoladentrüffel und dazu Cognac oder Wein. Bordeaux, auch von sehr namhaften Châteaux, ist bei Mike Brede stark vertreten – denn der wird traditionell gern an Freunde und Kunden verschenkt. Daneben liegt der Schwerpunkt von „Hanseaten Select" auf Südafrika, einem Land, das der Händler durch häufige Besuche in den vergangenen Jahren lieben gelernt hat – nicht nur der Weine wegen. Brede hat darüber hinaus alle renommierten Weinländer im Programm, und auch bei Likören sowie Whisky hat man die qualvolle Lust der großen Auswahl. Mike Brede: „Natürlich wird auch jeder, der nur eine Flasche möchte, hier kompetent beraten."

ADRESSE
Oberhafenstraße 1
20097 Hamburg, Hammerbrook
Tel. 32 36 64
Fax 32 36 62
info@hanseaten-select.de
www.hanseaten-select.de

ÖFFNUNGSZEITEN
Mo – Fr 8 – 18 Uhr, Sa 10 – 16 Uhr

NAHVERKEHR
U1 Steinstraße

INHABER
Mike-Alexander Brede

SCHWERPUNKTE
Frankreich, Südafrika, Italien, Champagner

ANGEBOT
1500 Weine

EMPFEHLUNGEN

2008 Marques de Castilla Barrica, 80 % Merlot, 20 % Cabernet Sauvignon, La Mancha, Spanien, 5 Euro
Sauber, intensiv,scharlachrot, am Gaumen gut strukturiert und fruchtig, körperreich mit feinen Tanninen. Erinnert an Johannisbeeren und Pfeffer.

2006 Indio Montepulciano d'Abruzzo, 8,95 Euro
Ein sensationeller Wein. Tiefgründig, intensiv und mit dunkelwürzigen Fruchtaromen. Ein Bukett von Kirsche und Brombeere. Zarte Vanille- und Schokoladennoten. Seidige und lange Tannine. Ideal zu herbstlichen Speisen mit Pilzen. Top Preis-Qualitäts-Verhältnis.

2007 Henry Shiraz, Neil Bester, Plaisir de Merle, Zandfontein Overberg, Südafrika, 14,50 Euro
100 % Shiraz, 18 Monate in französischer und amerikanischer Eiche. Eine kultverdächtige Sonderedition von bestem Shiraz zu einem unschlagbaren Preis!

IL PECCATO –WEINHANDEL

Vor mehr als 15 Jahren gründete Hans Pospischil – damals noch im Nebenerwerb – seinen Weinladen „Il Peccato“. Doch weder das Ambiente noch die Preise sind hier sündhaft, wie die deutsche Übersetzung des Firmennamens vermuten lassen könnte. Begonnen hatte alles mit der Vorliebe des Händlers für Italien, mittlerweile ist sein Angebot deutlich breiter geworden, auch wenn er sich ganz bewusst auf Europa begrenzt. Pospischil hat sich spezialisiert auf individuell erzeugte Weine, jenseits des Mainstreams. Charakter sollen sie haben – und Spaß machen. Durch regelmäßige Besuche bei den Winzern weiß er, wie sie ihre Weine produzieren. So ist eines sicher: Er bietet authentische Weine aus handwerklicher Produktion an, keine Massenerzeugnisse anonymer Großproduzenten. Daneben findet man in dem liebevoll gestalteten Geschäft auch sehr charaktervolle Säfte, ausgesuchte Lebensmittel, Balsamico-Essig und Olivenöl. In Kooperation mit anderen Weinhändlern der Gegend lädt Hans Pospischil einmal jährlich zur „Weinmeile Schanze“, außerdem gibt’s Weinproben und -seminare.

ADRESSE
Weidenallee 25
20357 Hamburg, Eimsbüttel
Tel. 43 25 12 90
Fax 22 71 60 32
wein@ilpeccato.de
www.ilpeccato.de

ÖFFNUNGSZEITEN
Mo, Mi, Do, Fr 15 – 19 Uhr,
Di 15 – 20 Uhr, Sa 11 – 15 Uhr

NAHVERKEHR
U2 Christuskirche,
U2 Schlump, S21, S31, U3
Sternschanze

INHABER
Hans Pospischil

SCHWERPUNKTE
Weinseminare, Weinproben,
Kooperation „Weinmeile Schanze“

ANGEBOT
150 Weine

EMPFEHLUNGEN

2009 Molí Rosso, Di Majo Novante, Montepulciano d'Abruzzo, Aglianico, Molise, 5,00 Euro
Frischer Duft nach Veilchen, angenehmer Geschmack nach Waldfrüchten.

2008 Von Rotliegenden, Bernhard Eifel, Riesling, Mosel, 9,90 Euro
Von wurzelechten Rebstöcken aus der Lage Schweicher Annaberg präsentiert sich dieser Riesling feinwürzig, mineralisch und komplex.

2005 Château Carteau Saint-Emilion Grand Cru, Jacques Bertrand, Merlot, Cabernet Franc, Cabernet Sauvignon, Côtes Daugay, 20,00 Euro
Distinguierter Bordeaux aus einem „Jahrhundertweinjahr“.

WEINHAUS IN RISSEN

Vielleicht ist Annegret Meyer altmodisch, weil sie nicht im Internet präsent ist, aber für sie ist die persönliche Kundenberatung das Wichtigste. Den Rissener Traditionsweinladen gibt es schon über 40 Jahre, vor fünf Jahren hat sie die Regie in dem vormaligen Weinhaus Reimer übernommen. „Ich habe mein Hobby zum Beruf gemacht", erzählt die frühere hauswirtschaftliche Betriebsleiterin des Hauses Rissen, eines überregional bekannten Tagungs- und Bildungszentrums, die sich seit Langem mit Wein befasst. Ihr Sortiment spiegelt die bekannten Weinanbaugebiete der Welt wieder, neben ihren Schwerpunkten Spanien, Portugal und Deutschland sind auch das restliche Mittelmeer und die Neue Welt im Programm. „Außerdem können wir auf Nachfrage (fast) jeden Wein schnell beschaffen", ergänzt Annegret Meyer. Ihre Kunden aus Rissen, Blankenese, Wedel oder Schenefeld schätzen auch das besondere Angebot an ausgesuchten Delikatessen, wie portugiesischen Chutneys, Pesto aus Österreich oder italienischem Sugo.

ADRESSE
Wedeler Landstr. 26
22559 Hamburg, Rissen
Tel. 82 24 46 30
Fax 82 24 46 31

ÖFFNUNGSZEITEN
Mo–Do 9.30–13, Di–Mi 15–19, Do 15–22, Fr 9.30–19 Uhr, Sa 9–14 Uhr

NAHVERKEHR
S1 Rissen

INHABER
Annegret Meyer

SCHWERPUNKTE
Spanien, Portugal, Deutschland

ANGEBOT
280 Weine

EMPFEHLUNGEN

2009 Deidesheimer Hofstück, Rivaner, trocken, Weinland Meckenheim, Pfalz, 1-Liter-Flasche, 4,95 Euro
Feinfruchtig trocken, perfekter Begleiter zu Fisch- und hellen Fleischgerichten.

2009 Sausenheimer Honigsack, Riesling Kabinett, halbtrocken, Weingut Schenk-Siebert, Pfalz, 9,95 Euro
Gehaltvoll fruchtig, gut ausbalancierte Fruchtsüße und Säure. Bestens zu Käse, aber auch solo ein Genuss.

2006 Cillero Vendimia Seleccionada tinto, Bodegas Bonjorne, La Mancha, Spanien, 11,95 Euro
Dunkle Fruchtaromen, gehaltvoll und elegant, dezente Tannine. Angenehmer Begleiter zu Wild und dunklem Fleisch.

KÜHNE LAGE

Früher war hier Bahrenfelds schärfste Ecke, doch auch nach dem Weggang der Produktion von Kühne-Senf ist der Firmenname mit dem sympathischen Weinladen und der Wohnanlage der Kühne-Höfe noch im Viertel präsent. Hier kaufen die Weinliebhaber der Nachbarschaft, treffen sich auf ein Gläschen oder auf einen Happen im angeschlossenen Bistro, das mit Flammkuchen, Quiche oder anderen leckeren französischen und deutschen Kleinigkeiten aufwartet. Immerhin 16 bis 20 wechselnde offene Weine stehen auf der Karte. In ihrem Laden verkaufen Antje Knechten und Dietmar Bruns insgesamt gut 130 verschiedene Weine. Die meisten Winzer kennen sie persönlich, eine Garantie für Produktqualität. Zu den Schwerpunkten gehören Rieslinge und Burgunder aus Deutschland, wie die köstlichen Spätburgunder vom Weingut Stodden von der Ahr. Dazu kommen preisgünstige und edle Tropfen aus Südfrankreich, vor allem aus den Rebsorten Syrah und Grenache, sowie einige Trouvaillen aus Italien und Spanien.

ADRESSE
Schützenstraße 39
22761 Hamburg, Bahrenfeld
Tel. 32 51 24 04
info@kuehne-lage.de
www.kuehne-lage.de

ÖFFNUNGSZEITEN
Mo – Sa 11 – 23 Uhr

NAHVERKEHR
Bus 103 Schützenstraße

INHABER
Antje Knechten,
Dietmar Bruns

SCHWERPUNKTE
Deutschland, Frankreich

ANGEBOT
130 – 150 Weine

EMPFEHLUNGEN

2009 Secret de Campane, Cave Cooperative de Cairanne, Rhône, 4,90 Euro
Eine Cuvée von Grenache, Carignan und Cinsault. Süffiger, sehr typischer Landwein der südlichen Rhône.

2008/2009 Civette, Château Grande Cassagne, Syrah und Grenache, Costières de Nîmes, 6,90 Euro
Pralle, reife Waldfrucht, Cassis, Pfeffer, Symbiose aus reifer Frucht und Eleganz.

2009 Riesling Mölsheim, Weingut Battenfeld-Spanier, Rheinhessen, 15,90 Euro
Ortsriesling des Bioweinguts auf höchstem Niveau, Mineralität, Schmelz, pralle Frucht und Frische in fast perfekter Symbiose.

LEHMITZ WEINSTUBEN

Aufmerksamen Fernsehzuschauern sind die Weinstuben ein Begriff. Denn im Hof des Weinhandels an der Faberstraße wächst ein gewaltiger Rebstock der Sorte Blauer Portugieser. Und zur Lese im September kommen Nachbarn und Freunde zum Traubenschneiden, gefilmt von Teams des NDR. Später werden daraus zur Freude der Gäste 80 Flaschen „Eimsbütt-ler Hinterhöfchen“. Der Stolz von Ursula Lehmitz und ihrem Sohn Bernd, die das seit 1927 existierende Familienunterneh-men führen, sind die von kleinen Weingütern importierten Gewächse aus ganz Europa sowie Raritäten aus der vinolo-gischen Schatzkiste: darunter Premiers Crus, wie 1934er und 1936er Jahrgänge vom Château Mouton Rothschild und ein 1917er Château Lafite. Der älteste Armagnac im Ange-bot stammt von 1920, hinzu kommen diverse Madeira, so der 1850er Madeira Solera Malmsey von Casa dos Vinhos. Das frühere Bistro ist heute ein ausgewachsenes Restaurant mit 100 Plätzen, weitere 70 Gäste können bei schönem Wetter noch draußen bewirtet werden.

ADRESSE

Faberstraße 21
20257 Hamburg, Eimsbüttel
Tel. 850 26 68
Fax 850 43 06
info@lehmitz-weinstuben.de
www.lehmitz-weinstuben.de

ÖFFNUNGSZEITEN

Di – So 17 – 24 Uhr

NAHVERKEHR

U2 Osterstraße, Bus 4 Apostelkirche

INHABER

Ursula Lehmitz

SCHWERPUNKTE

Frankreich, Deutschland

ANGEBOT

800 – 1000 Weine

EMPFEHLUNGEN

2009 Reinares, Bodegas Eguren, Castilia y Leon, 4,95 Euro
Tempranillo, rot, trocken, fruchtig, bukettreich.

2003 Palmela Valmonte, Portugal, 8,95 Euro
Stoffiger, voluminöser Rotwein aus der Nähe von Lissabon, mit konzentriertem Kirschbukett.

2006 Amarone della Valpolicella, Classico Luigi Brunelli, San Pietro, Veneto, Italien, 34,00 Euro
Extraktreich und voll, tief und voluminös.

Ins Grindelviertel kehrt Stück um Stück jüdisches Leben zurück. Im Jahr 2009 ist ein Weinladen mit koscheren Weinen hinzugekommen. Dr. Ulrich Lohse, pensionierter Zahnarzt, hat sein Hobby zum Beruf gemacht. Der Weinkenner bietet in seinem kleinen Laden an der Rentzelstraße rund 80 Weine und Sekte an, die alle den jüdischen religiösen Vorschriften genügen und von lizenzierten Rabbinern beglaubigt sind. Eine Marktnische sicherlich, aber eine besonders interessante mit wachsender Nachfrage. Einen Namen als Spezialisten hat sich das „Mezada“ schon gemacht. Einige Kunden kommen auf Empfehlung anderer Weinhändler, oder der Getränkemanager der „Queen Mary“ ruft verzweifelt an, da er bis zum Auslaufen des Kreuzfahrtschiffes seinen Vorrat an koscherem Wein ergänzen muss. Das „Mezada“ führt bundesweit das größte Angebot israelischer Weine und darüber hinaus koschere Weine aus Deutschland, Frankreich, Italien, Spanien, Portugal und den USA. Dr. Lohse: „Unsere Kunden sind Hamburger aller Schichten und Glaubensrichtungen, die koscheren Wein genießen oder zum Geschenk machen wollen.“

ADRESSE
Rentzelstraße 13
20146 Hamburg, Rotherbaum
Tel. 44 50 62 04
Fax 44 50 62 33
mail@mezada.de
www.mezada.de

ÖFFNUNGSZEITEN
Mo – Do 14.30 – 18, Fr 16 Uhr

NAHVERKEHR
Bus 4, 5 Grindelhof

INHABER
Dr. Ulrich Lohse

Schwerpunkte
Koschere Weine aus Israel, Spanien, Italien und Deutschland

ANGEBOT
800 – 1000 Weine

EMPFEHLUNGEN

2004 Chateau de Fonscolombe, Rotwein, Schlossabfüllung, Anbaugebiet Coteaux-d'Aix-en-Provence, halbe Flasche, 5,90 Euro
Granatroter trockener Wein, „koscher le Pessach".

2007 Recanati „Yasmin adom", Kellerei Recanati, Emek Hefer, Israel, 9,90 Euro
Klassische Cuvée von Merlot, Cabernet-Sauvignon und Shiraz, typischer israelischer Rotwein, fruchtige Note.

2005 Romaine du Castel Grand Vin, Domaine du Castel, Ramal Raziel, Israel, 65 Euro
Ein Spitzenwein aus Israel, Cuvée aus Cabernet-Sauvignon, Merlot, Petit Verdot, 20 Monate in französischen Eichenfässern gelagert. Beste europäsische Weinbautradition. Sorgfältige Lese und Verarbeitung.

MÖVENPICK WEINKELLER

Wenn es um Superlative in der Hamburger Weinszene geht, kommt man am Mövenpick Weinkeller nicht vorbei. Seitdem das Geschäft Ende 2009 vom Bornkampsweg auf die westliche Seite der A7 in die Theodorstraße umzog, gehört der Weinkeller (in Wirklichkeit geht's nicht nach unten, sondern eine kleine Treppe hinauf) in puncto Design und Funktionalität zur Spitze in Hamburg. Etwa 1400 Weine, von vier Euro pro Flasche bis zu 1090 Euro für einen 2004er Pétrus sind im Angebot. Dazu lagern alte Jahrgänge im „Schlösschen" – in einem durch ein eisernes Gitter abgetrennten Raum – bis hin zu einem 1959er Cailloux, einem „Edelstein" unter den Sauternes. Das Team um Hans-Henning Brügesch bietet Beratung auf höchstem Niveau, dazu gibt's Seminare zu Themen wie „Wein und Käse" sowie Verkostungen von großen Gewächsen aus Deutschland, Burgund und Bordeaux. Aber auch Grundkenntnisse für Einsteiger werden hier vermittelt. Das Weinangebot umfasst alle bedeutenden Weinregionen weltweit, hinzu kommt eine feine Auswahl an Obstbränden.

ADRESSE

Theodorstr. 42
22761 Hamburg, Bahrenfeld
Tel. 89 12 04
Fax 899 15 56
weinkeller.hamburg@
moevenpick.com
www.moevenpick-wein.de

ÖFFNUNGSZEITEN

Di – Fr 10 – 19 Uhr, Sa 10 – 16 Uhr,
im Dezember Mo – Fr 10 – 19 Uhr,
Sa 10 – 18 Uhr

NAHVERKEHR

Bus 2, 3 August-Kirch-Straße

SCHWERPUNKTE

Weltweites Angebot an Weinen, viele Obstbrände

ANGEBOT

1400 Weine

EMPFEHLUNGEN

2009 Poggerissi, Rosso di Toscana IGT, Renzo Masi u. C., Rufina, Italien 4,80 Euro
Eine Cuvée aus typischen toskanischen Rebsorten (Sangiovese, Canaiole) mit einem mittleren Körper und einer trockenen, fruchtigen Struktur. Ideal zu Pasta und leichteren Fleischgerichten.

2008 El Parrón, Reserva, Viña Errázuriz, 9,80 Euro
Handgelesen aus den Rebsorten Cabernet Sauvignon, Carmenere und Syrah, aus der Region Valle del Rapel, Chile. Zwölf Monate im französischen Barrique gereift, kraftvoll, Aroma von dunklen Beeren und mit feiner Schokonote. Ideal zu Fleisch und Wild.

2007 Coudoulet de Beaucastel, Côtes du Rhône, 17,50 Euro
Großer Jahrgang aus unfiltrierten Mourvèdre-, Grenache- und Syrah-Reben. Trocken, würzig und elegant mit Aromen von Leder und Gewürzen, weißem Pfeffer und dunklen Beeren.

PINOT GRIS WEINSALON

Im Weinsalon am Winterhuder Marktplatz findet man nur Weine aus ökologischer Erzeugung, alles ist mit einem Biosiegel zertifiziert. Längst fristen solche Weine kein Nischendasein mehr, selbst Spitzenweingüter setzen heute auf biologischen oder sogar biodynamischen Anbau. Die Zeiten, in denen man seiner Überzeugung zuliebe schlechten Wein trinken musste, sind zum Glück vorbei. Einst war der Laden in der Schanze, heute findet man den „Pinot Gris Weinsalon" in Winterhude – mit unverändertem Konzept, aber einer Kundschaft, die hier etwas anders tickt. Die Weine bei „Pinot Gris" stammen nahezu ausschließlich aus Europa, nur wenige Flaschen kommen aus Übersee – ein Zugeständnis an Kunden, die ausdrücklich nach australischen oder südamerikanischen Weinen fragen. Einmalig in Hamburg: Der Weinsalon veranstaltet Weinproben auch als reine Frauenabende, von Frauen für Frauen. Klugschnackende Männer müssen dann draußen bleiben. Daneben gibt's Käse, Schokolade, Espresso – auch im Ausschank – sowie Öl und Essig. Mitglieder der Vereinigung „Slow Food" erhalten Rabatt.

ADRESSE

Hudtwalkerstraße 28
22299 Hamburg, Winterhude
Tel. 439 97 01
weinsalon@pinotgris.de
www.pinotgris.de

ÖFFNUNGSZEITEN

Di–Fr 12–19 Uhr, Sa 10–16 Uhr

NAHVERKEHR

U1 Hudtwalckerstraße, Bus 20, 25 Hudtwalckerstraße, Bus 109, 118 Winterhuder Markt

SCHWERPUNKTE

Weine ausschließlich aus ökologischer Erzeugung und überwiegend aus Europa. Verkostungsabende auch „nur für Frauen"

ANGEBOT

500 Weine

EMPFEHLUNGEN

Vacanziere Merlot, Veneto IGT, Az. Arg. Pizzolato, Venetien, rot, 3,95 Euro
feinfruchtig, zugänglich am Gaumen, nur leichte Tannine, trocken.

2009 Sauvignon Blanc, trocken, Weingut Hirschhof, Rheinhessen, Deutschland, 9,75 Euro
In der Nase Zitrusnoten, sehr duftig, feines Säurespiel, dicht, trocken. Ein Wein von hoher Eleganz.

2003 „Poema" Montepulciano d'Abruzzo Riserva DOC, Azienda Agricola, Abruzzen, Italien, 21,90 Euro
18 Monate im Barrique ausgebaut, herrliche Nase, wunderbar geschmeidig, lang und delikat im Abgang

RAVENBORG PAN Y VINO

Die großen Namen spanischer Weinproduzenten aus dem Rioja, Ribera del Duero oder dem Priorat sucht man bei Thomas Ravenborg, Spanienfan und früherer Tierarzt, vergebens. Dafür findet man in den schick umgebauten Räumen einer ehemaligen Tankstelle exquisite Tropfen von Spaniens „Garagenwinzern", kleinen Erzeugern, die viele Weine aus der Sorte Sumoll und anderen fast vergessenen autochthonen Rebsorten herstellen. Eine Reihe von Weinmanufakturen, besonders aus der autonomen Region Galizien im Nordwesten der Iberischen Halbinsel, führt Ravenborg exklusiv in Deutschland. Zu den Weinen aus rund 40 spanischen Herkunftsgebieten – überwiegend Direktimporte – kommen französische Schaumweine und Spirituosen auch aus der Karibik. Jeden Donnerstagabend verwandelt sich der Weinladen in eine spanische „Vinos y Tapas"-Bar, bei der spanische Tropfen zu köstlichen Kleinigkeiten aus der Küche probiert werden können. In der angeschlossenen Galerie veranstaltet das Ravenborg-Team auch regelmäßig Kunstausstellungen und Konzerte.

ADRESSE
Elbchaussee 520
22587 Hamburg, Blankenese
Tel. 39 33 44
Fax 39 10 99 77
info@ravenborg.de
vino@pan-y-vino.de
www.ravenborg.de

ÖFFNUNGSZEITEN
Mo – Fr 12 – 20 Uhr,
Sa 10 – 16 Uhr

NAHVERKEHR
S1 Blankenese, Bus 1, 22, 36, 286 Mühlenberg

INHABER
Dr. Thomas Ravenborg

SCHWERPUNKTE
Spanien, mit Schwerpunkt Galizien

ANGEBOT
200 Weine, 30 Spirituosen

EMPFEHLUNGEN

2009 Montemar Tinto, Bodega Ramon Roqueta, Catalunya, 4,40 Euro
Tempranillo drei Monate im Barrique. Fruchtig, harmonisch, rund.

2006 Mil Gracias, Bodegas Ochoa, Navarra, Graciano, 9,90 Euro
Acht Monate im Barrique, mit Auszeichnung als beste Crianza aus Navarra in 2009. Charaktervoll, eine gute Struktur, kräftig, fruchtig

2004 Gaintus, Heretat Mont-Rubi, Penedés, 38,00 Euro
Einzigartig, faszinierend, unglaublich. 14 Monate im Barrique, aus 100 % Sumolltrauben.

Studiert hat er Zahnmedizin, doch bald entdeckte der gebürtige Münchner Ralf Schindler seine Liebe zum Wein und zur Stadt Hamburg. Seit über 20 Jahren versorgt er die Hamburger mit hochwertigen Tropfen aus den wichtigsten europäischen Anbaugebieten. Deutschland und Österreich stehen bei ihm im Mittelpunkt. Großen Wert legt er darauf, dass er ausschließlich Direktimporte im Programm hat. Nach dem Besuch auf einem Weingut bestellt er nicht sofort, sondern verkostet alle Weine in größerer Runde in Hamburg nach. So will er ausschließen, dass sein Urteil vielleicht von der netten Atmosphäre auf dem Weingut getrübt wird und er Flaschen bestellt, deren Inhalt doch nicht der gewünschten Qualität entspricht. Daneben bietet Schindler in seinem hellen übersichtlichen Ladengeschäft Feinkost, Gewürze vom „Gewürzpapst" Ingo Holland in Klingenberg sowie Literatur zu den Themen Essen, Kochen und Getränke. Nicht verpassen sollte man seine Weinseminare, die Veranstaltungen mit Winzern und Verkostungen von hochwertigen Raritäten.

ADRESSE
Eppendorfer Baum 44
20249 Hamburg, Eppendorf
Tel. 46 06 91 06
Fax 46 06 91 07
geniessen@rebsaal.de
www.rebsaal.de

ÖFFNUNGSZEITEN
Mo – Do 11 – 20 Uhr,
Fr 10 – 20 Uhr, Sa 10 – 16 Uhr

NAHVERKEHR
U3 Eppendorfer Baum

INHABER
Ralf Schindler

SCHWERPUNKTE
Europa

ANGEBOT
380 Weine

EMPFEHLUNGEN

2009 Artevin Blanco, Bodegas DSL, Rioja, Spanien, 5 Euro
Feinfruchtiger, erfrischender Weißwein für jede Gelegenheit.

2009 Grauer Burgunder, Kabinett, trocken, Arndt Köbelin, Baden, 9,95 Euro
Ein blitzsauberer Grauburgunder vom Kaiserstuhl. Feine Würze, herrliche Frucht, moderat in der Säure.

2005 Côtes-du-Rhône Rouge, Château des Tours, Rhône, 14,95 Euro
Wundervoll würziger Rotwein, hauptsächlich aus Grenache, der wie Samt am Gaumen schmeichelt.

SCARPOVINO

Es kann passieren, dass Kunden mit einem neuen Paar Schuhe an den Füßen und einigen Flaschen Pfälzer Wein in der Tüte gut gelaunt den Laden verlassen. Schließlich, so wissen Italienisch-Kundige, steht Scarpovino für Schuhe und Wein. Der Inhaber Hermann Dreyer stammt aus Kaiserslautern, vor 100 Jahren noch Schuhmetropole von Deutschland und umgeben von Weinfeldern der Pfalz, und da er Italienisch spricht, hatte er schon in der Heimat Kontakte zu Importeuren aus Bella Italia. So gründete er nach dem Umzug in die Hansestadt einen der ersten „Kombiläden" Hamburgs. Aus einem schmalen Weinregal im Schuhgeschäft ist inzwischen ein Sortiment von rund 600 Weinen geworden. Deutschland und vor allem die Pfalz stehen mit Direkteinkäufen traditionsgemäß im Mittelpunkt, doch auch das Angebot italienischer Tropfen kann sich sehen lassen. Erstaunlich: Die Beratung zu Schuhen, darunter „Fly London", „neosens" und andere Modelabel, sowie zu Weinen ist gleichermaßen geschmackssicher und freundlich.

ADRESSE
Susannenstraße 29
20357 Hamburg, Sternschanze
Tel. 439 00 43
Fax 41 46 78 32
scarpovino@t-online.de
www.scarpovino.de

ÖFFNUNGSZEITEN
Mo – Fr 10 – 19 Uhr, Sa 10 – 17 Uhr

NAHVERKEHR
S11, S 21, S31, U3 Sternschanze

INHABER
Hermann Dreyer

SCHWERPUNKTE
Deutschland, Pfalz. Die Weine werden auch im Restaurant „Südhang“ (siehe Restaurants ab Seite 164) im Obergeschoss serviert. Filiale in Eppendorf (siehe Adressenliste ab Seite 193)

ANGEBOT
600 Weine

EMPFEHLUNGEN

2008 / 2009 Primitivo di Manduria, Apulien, 3,90 Euro
Am Gaumen reife Frucht von Pflaumen und Kompott, aromenreich mit pfeffrigen Noten und Anklängen von Schokolade.

2009 Sauvignon Blanc, Oliver Zeter, Pfalz, 9,80 Euro
Reintönige, konzentrierte Frucht mit betörendem Duft. Stachelbeere, Maracuja und Holunderblüte in schönster Harmonie.

2007/2008 Barrique les Trois Tomates, 18,90 Euro
45 % Syrah, 10 % Grenache, 45 % Cabernet Sauvignon, mediterran, Leder, Pfeffer, vegetabil, Veilchen, schwarze Früchte und Beeren, Vanille.

SCHWEIZWEIT

Alphörner ertönen nur selten vor dem kleinen Laden in Ottensen, doch auch ohne lautstarke Werbung hat sich das für Hamburg einmalige Angebot an Schweizer Weinen längst herumgesprochen. Rund drei Dutzend verschiedene Gewächse stehen in den Regalen. Sie werden auch im kleinen Restaurant – mit einigen Tischen auf dem Trottoir – angeboten. Schweizer Käse ist in Deutschland durchaus ein Begriff. Stefan Caspers führt in seinem Laden „Schweizweit" zur Hauptsaison etwa 65 Sorten. Schweizer Weine sind dagegen hierzulande kaum bekannt. Kein Wunder: Die Weine werden vorwiegend im eigenen Land getrunken, höchstens zwei Prozent gelangen in den Export. Die mit Abstand wichtigsten Rebsorten sind Chasselas bei den weißen und Pinot noir bei den roten. Die bekanntesten Weine heißen Fendant (weiß) und Dôle (rot), die wichtigsten Weinregionen in der Schweiz sind das Wallis und das Waadtland am Genfer See. Wenig verwunderlich ist, dass der höchstgelegene Weinberg Europas in der Schweiz zu finden ist: die Lage Riebe (1100 Meter über dem Meeresspiegel) beim Ort Visperterminen im Kanton Wallis.

ADRESSE
Große Rainstraße 20
22765 Hamburg, Ottensen
Tel. 39 90 70 00
Fax 39 90 68 95
kontakt@schweizweit.de
www.schweizweit.de

ÖFFNUNGSZEITEN
Di–Sa 10–20 Uhr, So 10–18 Uhr

NAHVERKEHR
S1, S3 Altona

INHABER
Stefan Caspers

SCHWERPUNKTE
Schweizer Weine und andere Lebensmittel aus der Schweiz

ANGEBOT
35 Weine

EMPFEHLUNGEN

2009 Goldbeere, Volg Weinkellerei, Winterthur, 8,90 Euro
„Riesling Silvaner" (Müller-Thurgau) aus dem Kanton Zürich. Frisch, fruchtig als Apéro und zum Fisch oder anderen leichten Gerichten.

2008 Fendant „Les Terrasses", Jean-Paul Germanier, Vétroz, 9,20 Euro
Typischer, frischer Weißwein aus dem Wallis. Traube: Gutedel, schöne Frucht.

2007 Heida Gletscherwein, Château AG Visp, Wallis, autochthone Walliser Sorte, 19,30 Euro
Von Stewart Pigott zu einem der besten Weißweine weltweit gekürt! Edel, frisch, angriffslustig. Stolzer Wein mit dichtem Körper und prägnanter Säure.

„Winzer, die in erster Linie auf Nachhaltigkeit und Leidenschaft setzen“, so die Inhaber, „stehen im Mittelpunkt unseres Programms.“ Seit 2001 versorgt „Vineyard“ die Eimsbütteler mit Wein aus aller Welt. Nicht nur Tropfen aus Europa sind hier zu finden, sondern auch aus Australien, Südafrika, Südamerika und Kalifornien. Damit die Kunden deren Weine hautnah erleben, veranstaltet „Vineyard“ gelegentlich Winzerabende, an denen die Produzenten von ihrer Arbeit berichten und ihre Weine kommentieren, wie zum Beispiel die Spitzenwinzerin Annegret Reh-Gartner vom Weingut Reichsgraf von Kesselstatt an der Mosel. Die Seminare im Geschäft sollen Spaß und Genuss vermitteln, nicht stures Weinwissen. Ziel ist es, Wein als selbstverständlichen Teil des Alltags zu sehen, was viel mit Qualität, aber keineswegs immer mit viel Geld zu tun hat. In den Seminaren wird Basiswissen vermittelt, dazu gibt es spezielle Verkostungen, wie Käse & Wein, Wein & Schokolade, große Gewächse oder einen Vergleich Neue Welt-Alte Welt.

ADRESSE

Eppendorfer Weg 64
20259 Hamburg, Eimsbüttel
Tel. 43 21 32 30
Fax 43 21 32 31
info@vineyard-weinhandel.de
www.vineyard-weinhandel.de

ÖFFNUNGSZEITEN

Mo – Fr 12 – 18 Uhr, Sa 10 – 14.30 Uhr

NAHVERKEHR

U2 Christuskirche, Bus 20, 25 Schulweg

INHABER

Alexander Bolognino de Orth, Elke Berner

SCHWERPUNKTE

Weine von kleinen, feinen Weingütern und aus nachhaltigem Anbau. Weinseminare, die Spaß machen

ANGEBOT

355 Weine

EMPFEHLUNGEN

2009 Grüner Veltliner, Weingut Der Pollerhof, Weinviertel, Österreich, Literflasche 5 Euro
Wein mit einer klassischen Würze, saftig, kernig und frisch. Ein toller Wein für jeden Tag!

2006 Londoño Crianza, Bodegas Don Sancho de Londoño, DOC Rioja, Spanien, 7,90 Euro
100 % Tempranillo. Intensive Aromen von Waldfrüchten, im Mund mit angenehmer Fülle, harmonisch und rund. Weinpapst Robert Parker zählt ihn zu den „Best Buys".

2007, Cupid's Arrow, Pinot Noir, Wild Rock, Hawke's Bay/Marlborough, Neuseeland, 17,50 Euro
Mix aus roten Beerenfrüchten und Schwarzkirschen mit Wildkräutern und blumigen Charakteren. Ein sanft strukturierter Gaumen mit feinen Tanninen und einem würzigen, trocken-fruchtigen Ende.

VINO – IHR WEINMARKT

Groß ist der Laden, sogar eine Lotto-Annahmestelle ist integriert, der Internetauftritt erweckt den Eindruck eines Weindiscounters. Billige Weine gibt es hier durchaus, schon für 2,96 Euro kann man im „Vino“ eine Flasche aus Frankreich erwerben. Doch der erste Eindruck täuscht: Neben Schnäppchen bietet der Laden auch viele Weine aus aller Welt im mittleren Preissegment zwischen sechs und zwölf Euro an. Auch Champagner für knapp 50 Euro und ein Petit de Mouton Rothschild für 99 Euro als teuerster Wein. Für Skandinavien-Urlauber und Weinliebhaber, die mit vielen Freunden und Nachbarn eine Gartenparty planen, gibt es eine ansehnliche Anzahl von 3- bis 10-Liter-Boxen, die allemal im trinkbaren Bereich sind. Das Geschäft gehört zur WIV – Wein International AG in Burg Layen, und diese Firma ist wiederum im Besitz der Familie Pieroth. Marketing wird hier großgeschrieben: Stammkunden erhalten drei Prozent Rabatt auf ihre Einkäufe und sogar zehn Prozent auf den „Wein des Monats“.

ADRESSE
Osdorfer Landstraße 218
22549 Hamburg, Osdorf
Tel. 80 05 06 91
Fax 80 05 06 92
vinohh@vino24.de
www.vino24.de

ÖFFNUNGSZEITEN
Mo – Fr 10 – 20 Uhr, Sa 10 – 16 Uhr

NAHVERKEHR
Bus 1, 21, 22, 37 Langelohstraße Nord

INHABER
Ralf Moritz

SCHWERPUNKTE
Italien, Spanien, Deutschland, Frankreich

ANGEBOT
500 Weine

EMPFEHLUNGEN

2009 Zuccardi „Fuzion“, Tempranillo-Malbec, Argentinien, 3,99 Euro
Fruchtiger, mittelkräftiger Rotwein mit weichen Tanninen.

2010 „White Cloud“ Sauvignon Blanc, Neuseeland, 6,99 Euro
Knackige Frucht, rassig-frisch, sehr bouquetreich, exzellentes Preis-Genuss-Verhältnis.

2007 Joseph Drouhin, Côtes de Nuit-Villages, 19,90 Euro
Körperreicher Burgunder, sehr ausgewogen mit langem Nachhall.

DAS WEIN-CABINET

Wenn jemand Antje Möller sagen würde, ihr Laden im Herzen von Othmarschen sei etwas „rummelig“, wäre sie wahrscheinlich nicht einmal eingeschnappt. Denn so wirkt er nun mal – und dabei sehr sympathisch. Ihr Herz hängt unverkennbar an Frankreich. Das spürt man bereits an den Produkten, die den vorderen Teil des Ladens dominieren: Tischdekoration, Keramik, Wein-Accessoires wie Gläser und Korkenzieher, dazu Delikatessen wie Essig, Öl, Senf, Fleur de Sel und eingelegte Spezialitäten aus diversen Regionen Frankreichs. Auch die meisten Weine stammen aus ihrem Lieblingsland, doch daneben spielen auch Deutschland, Italien und Chile eine wichtige Rolle. Bei Schaumweinen setzt sie überwiegend auf Crémant – produziert wie ein Champagner –, zum Beispiel von Bouvet-Ladubay von der Loire, mit dem auch der Schauspieler und Winzer Gérard Depardieu schon gemeinsam einen Wein erzeugte. Und wer noch etwas zum Dessert und als Digestif sucht, wird hier fündig – konsequenterweise ebenfalls von unserem Nachbarland im Südwesten.

ADRESSE
Waitzstraße 26
22607 Hamburg, Othmarschen
Tel. 89 01 89 03
Fax 89 01 89 03
moeller@dasweincabinet.com

ÖFFNUNGSZEITEN
Mo – Fr 9.30 – 18.30 Uhr,
Sa 9.30 – 14 Uhr

NAHVERKEHR
S1 Othmarschen

INHABER
Antje Möller

SCHWERPUNKTE
Frankreich

ANGEBOT
250 Weine

EMPFEHLUNGEN

2009 Bechtolsheimer Petersberg, Weingut Ernst Bretz, Rheinhessen, 4,95 Euro
Riesling, Grauer Burgunder oder Weißburgunder, frischer und säurearmer Begleiter für die leichte Küche.

2007 Saphir, von Bouvet Ladubay in St.-Hilaire-St-Florent, Saumur, Frankreich, 10 Euro
Köstlicher feinfruchtiger Chenin Blanc, eine Perle von der Loire.

2007 La Grande Réserve, Château Le Grand Verdus, Sadirac, Bordeaux Supérieur, 19,95 Euro
Eine Cuvée von Cabernet Sauvignon, Merlot, Cabernet Franc. Handverlesene Trauben im Eichenfass gereift.

WEINGUTWEIN

Warum Wein um die halbe Welt karren, wenn es in Europa so viele tolle Tropfen gibt – das ist die Devise von Jochen Harder. Erst vor wenigen Jahren baute der frühere Gastro- und Eventmanager „WeingutWein“ auf, begann mit wenigen Winzern und hat heute ein sehenswertes Sortiment mit dem Schwerpunkt auf Deutschland und Österreich, dazu eine kleine Auswahl an Weinen aus Frankreich, Italien und Spanien. Bekannte Erzeuger sind darunter, aber auch etliche bislang unbekannte Weingüter. Ökologischer Weinbau ist für Harder ein wichtiges Kriterium – und bezahlbar für jedermann sollen die bei ihm angebotenen Weine sein. Mittlerweile ist der Laden auch bei den Leuten ringsherum gut akzeptiert, manche kommen einfach auf einen guten Schluck vorbei oder treffen sich zum „Nachbarschaftsabend“ mit open end, Snacks und kleinen Gerichten. Gelegentlich wird’s auch üppiger: Dann bietet der Händler Degustationsmenüs – und wenn man Glück hat, ist auch einer der Winzer vor Ort und erzählt etwas über seine Weine, das Anbaugebiet und darüber, wie er in Weinberg und Keller arbeitet.

ADRESSE
Eichenstraße 91
20255 Hamburg, Eimsbüttel
Tel. 43 21 59 40
Fax 43 27 23 91
weingutwein@arcor.de
www.weingutwein.de

ÖFFNUNGSZEITEN
Mo – Fr 14 – 20 Uhr, Sa 11 – 16 Uhr

NAHVERKEHR
U2 Osterstraße

INHABER
Jochen Harder, Inke Meiries

SCHWERPUNKTE
Deutschland, nur Direkteinkauf bei den Erzeugern

ANGEBOT
130 Weine

EMPFEHLUNGEN

2009 Riesling, trocken, Weingut Gnägy, Pfalz, Literflasche 4,90 Euro
Frischer, spritziger Gutsriesling mit feinen Zitrus- und Pfirsichnoten sowie animierender Säure.

2009 Maria Magdalena, Grauburgunder, Kabinett, trocken, Stiftsweingut Meyer, Pfalz, 7,20 Euro
Reintöniger Grauburgunder mit einer schönen Balance zwischen Mineralität und dezenter Frucht.

2007 Pinot Noir „Schulen“, Weingut Ziereisen, Baden, 16,90 Euro
Muskulöses Kraftpaket von Spätburgunder dank langer Maischestandzeit, unfiltrierter Abfüllung und Barriqueausbau, toller Duft nach schwarzer Kirsche.

WEINHAUS AM GRINDEL, KURFÜRST VON DALBERG

Wer noch vor wenigen Jahren im Uni-Viertel zu tun hatte und eine nette Flasche Wein kaufen wollte, wurde meist im Weinhaus am Grindel neben dem Buchladen Zweitausendeins fündig. Die Einrichtung ist geblieben, und der Weinberater Jens Deutscher gibt immer noch kompetent Auskunft rund um den Weingenuss, doch das Sortiment hat sich vollständig gewandelt. Glücklicherweise sind noch immer hervorragende Weine im Angebot. Sie stammen komplett vom Weingut Dalberger Hof im rheinhessischen Wonnegau, wo schon seit einigen hundert Jahren Weine produziert werden. Seit 1545 besitzt die Familie Strauch die Weinberge, deren Umstellung auf ökologische Bewirtschaftung fast abgeschlossen ist. Qualität und Preisniveau der Weine lässt sich an der zugeordneten Kopfbedeckung erkennen: von der Baseball-Cap (Légère) für preisgünstige Tropfen bis zum edlen Kurfürst von Dalberg (Krone). Für Hamburg interessant: Vom Verkaufspreis der extra aufgelegten Hansecuvée, ein im Eichenfass ausgebauter gereifter Rotwein, der auch zum Fisch passt, gehen 20 Prozent an karitative Zwecke in der Hansestadt, zum Beispiel an die Hamburger Tafel.

ADRESSE

Grindelallee 81
20146 Hamburg, Harvestehude
Tel. 44 77 83
Fax 45 06 08 38
weinhaus-grindel@dalbergerhof.de
www.weinhaus-grindel.de

ÖFFNUNGSZEITEN

Mo – Fr 10 – 19 Uhr, Sa 10 – 15 Uhr

NAHVERKEHR

Bus 4, 5 Grindelhof

INHABER

Heinfried Strauch

SCHWERPUNKTE

Alles aus eigenem Anbau

ANGEBOT

44 Weine, 9 Sekte, 14 Destillate

EMPFEHLUNGEN

2007 Légère vom Dalberg, rot, Literflasche 4,90 Euro
Leichter, einfacher Landwein für jeden Tag.

2009 Chardonnay, trocken, Plateau vom Dalberg, 9,00 Euro
Ein Wein für ein Gespräch mit guten Freunden. Jung, erfrischend, schlank. Sein Duft erinnert an feines Apfelaroma – eine perfekte Ergänzung zu würzigen Meeresfürchten oder einfach zum Trinken in netter Runde.

2007 Regent, Chapeau vom Dalberg Nr. 10, 13,00 Euro
Tiefdunkelroter Wein mit ausgewogenem Charakter. Passt hervorragend zu Wild, Lammsteaks und Rohmilchkäse.

WEINHAUS AM STADTRAND

Lehmitz ist ein bekannter Name in Hamburgs Gastronomie. Und seit mehr als 50 Jahren ist das von Heino Lehmitz gegründete „Weinhaus am Stadtrand“ nicht nur im Norden der Hansestadt ein Begriff. Im Jahr 2005 ist das inzwischen von Dirk Lehmitz geleitete Weinhaus in einen Neubau mit großer Ladenfläche und einem integrierten Wein-Bistro mit Cocktailbar umgezogen. Das umfassende Angebot mit rund 800 verschiedenen Weinen ist auch in den lichten modernen Räumen geblieben. Schwerpunkte sind deutsche Weine, französische, italienische und portugiesische Tropfen. Imposant das Angebot an alten Madeira- und Portweinen. Seit rund 30 Jahren pflegt die Familie die nicht nur kulinarischen Verbindungen zu Portugals Außenposten im Atlantik und kann mit manchen Insidertipps zur Blumeninsel des ewigen Frühlings aufwarten. Interessant auch das Angebot an Bränden mit eigenen Whisky-Fassabfüllungen und das umfangreiche Seminarprogramm mit Weinproben und Abendveranstaltungen zu Basiswissen, Sensorik oder Kombinationsmöglichkeiten von Speisen und Weinen, wie zum Beispiel Riesling und Sushi.

ADRESSE

Tangstedter Landstr. 22
22415 Hamburg, Langenhorn
Tel. 531 63 47
Fax 531 33 68
weinhaus@lehmitz.de
www.lehmitz.de

ÖFFNUNGSZEITEN

Mo – Fr 9 – 18.30 Uhr, Sa 9 – 14 Uhr

NAHVERKEHR

U1 Langenhorn Markt

INHABER

Dirk Lehmitz

SCHWERPUNKTE

Portugal mit Schwerpunkt Madeira, dazu Deutschland, Frankreich, Italien

ANGEBOT

800 Weine

EMPFEHLUNGEN

2009 Gaio Rosso IGT, Sicilia, Italien, 4,95 Euro
Ein trockener, fruchtiger, sizilianischer Rotwein.

2009 Gottenheimer Kirchberg, Grauburgunder, Kabinett, trocken, 7,50 Euro
Fruchtnuancen von Pfirsich und Aprikose.

Madeira, Cossart Gordon, Sercial, 5 years old, 12,50 Euro
Unser deutscher Riesling von der Blumeninsel, 5 Jahre im Eichenfass gereift, fine dry, ideal als Aperitif oder Digestif.

WEINHAUS GRÖHL

Eppendorfs vinologisches Zentrum am Eppendorfer Baum liegt eigentlich schon knapp in Harvestehude. Wohl kein konzernunabhängiger Hamburger Weinladen hat mehr zu bieten als das traditionsreiche „Weinhaus Gröhl". das sich auch nach 90 Jahren noch munter und kompetent präsentiert. Fachkenntnis ist reichlich vorhanden: ein Diplom-Önologe, eine diplomierte Sommelière, ein Weinakademiker und weitere geschulte Weinberater sorgen dafür, dass keine Frage unbeantwortet bleibt. Welcher Wein zur Seezunge, was trinke ich zum Rehrücken – hier wird man gut beraten. Die Auswahl ist riesengroß, deutsche Weine sind gut vertreten, aber auch aus anderen europäischen Ländern und aus Übersee findet man viele interessante Tropfen. Kein Wunder, dass dieses Geschäft von der Zeitschrift „Der Feinschmecker" bereits zweimal zum besten Weinladen Hamburgs gekürt wurde. Beim Einkaufen trifft man hier regelmäßig Prominenz aus der Kultur- und Medienszene. Im Frühjahr und Herbst bietet das „Weinhaus Gröhl" fast wöchentlich Weinseminare und -proben für Einsteiger und Fortgeschrittene an.

ADRESSE
Eppendorfer Baum 7
20249 Hamburg, Harvestehude
Tel. 47 47 17
Fax 46 24 71
info@weinhaus-groehl.de
www.weinhaus-groehl.de

ÖFFNUNGSZEITEN
Mo – Fr 9.30 – 19 Uhr, Sa 9.30 – 18 Uhr

NAHVERKEHR
U1 Klosterstern, U3 Eppendorfer Baum, Bus 34, 114 Klosterstern

INHABER
Holger Bracker

SCHWERPUNKTE
Qualifizierte Mitarbeiter, Weinakademiker, Weinseminare, Weinproben und Vernissagen

ANGEBOT
1200 Weine

EMPFEHLUNGEN

2009 Domaine de Millet, Ugni blanc, Colombard, Gascogne, 4,80 Euro
Fruchtiger, frischer, trockener Weißwein mit lebendigem Säurespiel – einfach lecker!

2009 „Clarette", Weingut Knipser, Pfalz, 9,95 Euro
Ein Rosé der Superlative: rassig und sehr ausgewogen. Ein perfekter Spaßwein, nicht nur im Sommer.

2007 Laughing Magpie, Weingut d'Arenberg (Australien), Shiraz und Viognier, 19,80 Euro
Blumige und fruchtige Noten nach Nektarinen und Aprikosen, ergänzt mit reifer Frucht des Shiraz. Grandioser Wein.

WEINHAUS RÖHR

Bernd Rudolph, ein Urgestein der Hamburger Weinszene, betreibt nun schon seit 37 Jahren das „Weinhaus Röhr" in Blankenese. Tochter Kerstin steht ihm zur Seite und wird das Geschäft in absehbarer Zeit übernehmen. Vor allem Weine aus Deutschland und Frankreich sind hier zu finden, außerdem Jahrgangsraritäten, Brände und Portwein. Übersee dagegen sei rückläufig, meint der rührige Weinhändler. Er kennt die Großen der internationalen Weinszene persönlich, wie zum Beispiel Baron Eric de Rothschild, den Inhaber von Château Lafite, einem der fünf Premiers Crus aus Bordeaux. Zu den Kunden des „Weinhauses Röhr" zählen auch Prominente aus den Elbvororten, wie die Familien Reemtsma, Münchmeyer, Warburg und Otto, aber auch Studenten und Rentner, „alle rund um den Kirchturm". Humorvolle kulturell-kulinarische Weinproben, die Bernd Rudolph gemeinsam mit Dr. Rowald Hepp vom Weingut Schloss Vollrads gestaltet, Weinproben und Winzerabende finden im gemütlichen Ambiente des Weinhauses oder gleich nebenan im Bistro „Rudolph" statt.

ADRESSE
Blankeneser Landstraße 29
22587 Hamburg, Blankenese
Tel. 86 33 41
Fax 866 40 03
weinhausroer@t-online.de

ÖFFNUNGSZEITEN
Mo 15–19 Uhr, Di–Fr 10–13 Uhr, 15–19 Uhr, Sa 10–14 Uhr

NAHVERKEHR
S1, S11 Blankenese

INHABER
Andrea Rudolph

SCHWERPUNKTE
Internationales Weinangebot, Jahrgangsraritäten, feine Brände

ANGEBOT
500 Weine

EMPFEHLUNGEN

2009 Le Domaine de Ménard, Colombard-Sauvignon Blanc, Côtes de Gascogne, 4,95 Euro
Frisch und knackig mit Zitrus- und Stachelbeernoten sowie ansprechender Mineralität.

2009 Weißer Burgunder, trocken, Dr. von Bassermann-Jordan, Pfalz, 7,95 Euro
Frisch und spritzig mit Duft von Zitrusfrüchten und floralen Aromen. Kräftiger Körper und zarter Schmelz.

2007 Cederberger, Cederberg, Merlot, Pinotage, Shiraz, Südafrika, 12,50 Euro
Sehr komplex und voll mit Aromen von reifen, dunklen Beeren. Samtige Tannine.

WEINHAUS STRATMANN

Nach dem Joggen, vor dem Open-Air-Konzert oder einfach so – das „Weinhaus Stratmann“ an der Saarlandstraße, Ecke Jarrestraße liegt überaus günstig in Nähe des Stadtparks. Das Programm ist groß, alle wichtigen Weinländer der Welt sind vertreten, bekannte und weniger arrivierte Namen findet man in den Regalen. Der traditionsreiche Laden wurde Anfang 2005 aufwendig restauriert, die alten Jugendstilelemente kommen seitdem wieder optimal zur Geltung, die hohen Decken vermitteln ein Gefühl von Großzügigkeit. In das Geschäft integriert ist das Bistro „Goldstück“, in dem Salate, Pastagerichte und Süßspeisen angeboten und 16 Weine glasweise ausgeschenkt werden. Darüber hinaus ist aber nahezu jeder Wein aus dem Laden hier flaschenweise für ein Korkengeld zu erhalten. Schloss Vollrads und das Weingut Robert Weil aus dem Rheingau sind ebenso dabei wie Mas de Daumas Gassac, der Kultwein aus dem Languedoc, Château La Nerthe, eins der Spitzengüter aus Châteauneuf-du-Pape, der allseits beliebte Regaleali aus Sizilien oder der großartige Barolo „Lo Zoccolaio“.

ADRESSE

Saarlandstr. 23
22303 Hamburg, Winterhude
Tel. 28 78 19 66
Fax 28 78 19 69
amstadtpark@weinhaus-stratmann.de
www.weinhaus-stratmann.de

ÖFFNUNGSZEITEN

Mo – Fr 10 – 19 Uhr, Sa 10 – 14 Uhr

NAHVERKEHR

U3 Saarlandstr., Bus 117, 171, 172, 173 Saarlandstr./Jarrestr.

SCHWERPUNKTE

Umfassendes Angebot, Seminare und Präsentationen.
Mehrere Filialbetriebe in Hamburg, siehe Adressliste ab Seite 193

ANGEBOT

800 Weine

EMPFEHLUNGEN

2009 Ugni-blanc Colombard, Vin de Pays des Côtes de Gascogne, Domaine du Tariquet, 4,95 Euro
Ausgeprägte Frucht und feine Würze.

2007 Brecciarolo TERRA, Rosso Piceno Superiore, DOC, 7,70 Euro
Charismatischer Wein, intensives Bouquet mit Vanillenoten.

2007 Cuvée Henri Boudau, Côtes du Roussillon Village AOC, Domaine Boudau, 12,95 Euro.
Konzentriert und samtig, intensive Aromen von reifen dunklen Beeren.

WEINHIMMEL MESS

Der Weinhimmel im Karolinenviertel hängt nicht immer voller Geigen. Schuld daran ist die Sanierung des Altbaus von 1860, die einen vorübergehenden Umzug des Weinhandels in die Neustadt erzwang. Glücklicherweise sind die profunde Beratung und das umfangreiche Weinangebot geblieben, das rund 500 verschiedene Weine aus Deutschland, Italien, Frankreich und Spanien sowie einige weitere Regionen umfasst. Wichtig: Da Tobias Strauch die meisten Weine direkt vom Winzer kauft, ist das Preis-Genuss-Verhältnis besonders kundenfreundlich. Viele Erzeugnisse kleiner Winzer sind, teilweise exklusiv, im Angebot, aber auch große Namen fehlen nicht. So sind zwei exzellente Tropfen des spanischen Kultweingutes Mas Martinet im Angebot. Mit Dr. Loosen, Gunderloch, dem Karthäuserhof, Künstler, Dönnhoff, Fürst, Bassermann-Jordan und Dr. Heger ist auch die Crème de la Crème der deutschen Winzerzunft in den Weinregalen bestens vertreten. Auch nicht schlecht: Sollte ein Wein korkig schmecken, nimmt Mess die Flasche ohne Weiteres gegen Erstattung zurück.

ADRESSE
bis Juni 2011: Weinkontor
Wexstr. 35
20355 Hamburg, Neustadt
Tel. 35 71 58 72
ab Juni 2011: Weinhimmel Mess
Turnerstr. 16
20357 Hamburg, St. Pauli
Tel. 43 27 71 16, Fax. 43 25 01 53
weinhimmel@mess.de
www.messwein.de

ÖFFNUNGSZEITEN
bis Juni 2011: Mo – Fr 12 – 20,
Sa 10 – 16 Uhr
ab Juni 2011: Mo – Mi 12 – 20 Uhr,
Do – Fr 12 – 22 Uhr, Sa 11 – 22 Uhr

NAHVERKEHR
U3 Feldstraße (Turnerstr.)
S1, S3 Stadthausbrücke (Wexstr.)

INHABER
Tobias Strauch

SCHWERPUNKTE
Inhabergeführte kleine Weingüter, die authentische Weine produzieren

ANGEBOT
500 Weine

EMPFEHLUNGEN

2008 Intense, Maurel Vedau, Languedoc-Roussillon, 5,00 Euro
Aromatische Cuvée aus Merlot und Cabernet, dezente Holznoten.

2009 Deep Blue, Blanc de Noir vom Spätburgunder, Weingut Tesch, Nahe, 8,90 Euro
Kernig-elegant, milde Säure, feine Noten von Stachelbeere, perfekt zu Meeresfrüchten.

2007 Martinet Bru, Mas Martinet, Priorat, Spanien, 18,90 Euro
Cuvée aus Garnacha und Syrah, 15 Monate in französischer Eiche gereift, Zweitwein vom berühmten Weingut Mas Martinet. Volles Bouquet nach dunklen Beeren und Gewürzen, langer mineralischer Abgang, perfekte Harmonie.

WEINKELLEREI HEINRICH VON HAVE

Wer in Bergedorf Wein oder Spirituosen kaufen möchte, landet unweigerlich früher oder später im Laden der Familie von Have. Bereits seit 1886 als Importeur von Weinen gegründet, ist mit Katja von Have heute bereits die fünfte Generation der Familie aktiv. „Weinkellerei & Spirituosenmanufaktur“ nennt sich das Geschäft, und das mit gutem Grund: Hier lagern Bordeaux-Weine in Barrique-Fässern, die später als „Hamburger Rotspon“ auf den Markt kommen (siehe die Reportage ab Seite 97), hier wird pünktlich zu Ostern der hausgemachte Eierlikör verkauft, für den die Bergedorfer vor den Feiertagen Schlange stehen. Auch Liebhaber von Whisky und Rum müssen hier nicht darben, weitere Spirituosen gibt es sogar lose aus dem Demijohn, einem großen rundlichen Glasballon. In den Regalen findet man Feines für die Küche zu Hause, wie Gewürze, Balsamico-Essig und Olivenöl, außerdem eine interessante Auswahl an Gläsern und Karaffen. Beim Wein liegt der Fokus des Bergedorfer Weinhändlers deutlich auf Gewächsen aus Deutschland und Frankreich.

ADRESSE
Sachsentor 32
21029 Hamburg, Bergedorf
Tel. 725 40 10
Fax 72 54 01 70
info@vonhave.de
www.vonhave.de

ÖFFNUNGSZEITEN
Mo – Fr 10 – 19 Uhr, Sa 9.30 – 16 Uhr

NAHVERKEHR
S1, S21 Bergedorf

INHABER
Christoph von Have,
Horst von Have

SCHWERPUNKTE
Deutschland, Frankreich
Spirituosen aus eigener Manufaktur, Öle, Essige, Gläser,
Wein-, Whisky- und Rumproben

ANGEBOT
400 Weine Weine

EMPFEHLUNGEN

2009 Covila Tinto, Bodegas Covila, Tempranillo, Grenache, Rioja, 4,95 Euro
Kräftiger, aber sehr vollmundiger junger Rioja mit feiner Würze. Ein Wein für jeden Tag.

2008 Rotspon aus Hamburg, Château la Bataille, Côtes de Castillon, Bordeaux, 8,95 Euro
Eleganter, weicher Bordeaux aus eigener Kellerei auf traditionelle hanseatische Art und Weise vinifiziert.

2009 Forster Musenhang Riesling, Spätlese, trocken, Weingut Georg Mosbacher, Pfalz, 14,95 Euro
Pikanter, gehaltvoller Riesling mit feinen Zitrusaromen.

WEINLAND WATERFRONT

Mächtige Stahlträger und historische Seilwinden erinnern in einem der schönsten Weinläden Hamburgs an dessen maritime Vergangenheit. Einst baute eine kleine Werft an der Großen Elbstraße Rettungsboote. Heute hat im ältesten Haus Altonas das „Weinland Waterfront" sein Domizil. Auf drei Ebenen dreht sich alles um Wein, hinzu kommt der glasüberdachte Innenhof mit Rotklinker-Mauerwerk – Italien an der Elbe. Ein Schwerpunkt des insgesamt 500 Positionen umfassenden Weinprogramms liegt auf der Toskana und anderen italienischen Provinzen. Auch deutsche Weine sind gut vertreten, hinzu kommen hochwertige Spirituosen, darunter 50 verschiedene Grappas. Champagner-Liebhaber haben die Wahl zwischen 15 Marken. Degustationen werden ständig angeboten, zudem heißt es bei der Mittwochslounge ab 18 Uhr „chillen und genießen". Sonntags gibt's ab 18 Uhr Livemusik mit stets wechselnden Künstlern. Hungrigen bietet die Bistroküche kleine, leckere Gerichte. Für Feiern stehen mehrere Räumlichkeiten zur Verfügung, so der Verkostungsraum im zweiten Stock mit seinen knarrenden alten Holzdielen und und rustikalem Mobiliar.

ADRESSE
Große Elbstraße 146
22767 Hamburg, Altona
Tel. 279 40 79
Fax 279 77 87
info@weinlandhamburg.de
www.weinlandhamburg.de

ÖFFNUNGSZEITEN
Mo – Sa 12 – 19 Uhr, Do 12 – 22 Uhr, So 17 – 22 Uhr

NAHVERKEHR
S1, S3 Königstraße, Hafenfähre 62 Altona Fischmarkt

INHABER
Ralf Bochinski

SCHWERPUNKTE
Italien

ANGEBOT
500 Weine

EMPFEHLUNGEN

2009 Gran Sasso, Farnese Fini, Abruzzen, Trebbiano d'Abruzzo DOC, 5,30 Euro
Frisch, feinfruchtig, elegant, florales Bukett, guter Körper, super Preis-Leistungsverhältnis.

2009 Riesling Grauschiefer, Weingut Schmitges, Mosel, 7,90 Euro
Sehr schönes, ausbalanciertes Frucht-Säure-Spiel, Aromen von Äpfeln, Birnen und Pfirsich, erfrischend am Gaumen.

2007 Zenato, Ripassa Valpolicella Superiore, 19,95 Euro
Der kleine Amarone, zu 70 % aus Corvina, dazu Rondinella, Sangiovese und Molinara, voluminöse Eleganz, vielschichtig, gute Balance.

WEINLOUNGE HAMBURG

Anspruchsvoll, schick, modern. Seit 2006 teilt Sommelier und Inhaber Felix Jaeger die Leidenschaft für Wein mit Kunden in seinem Ladengeschäft im Falkenried-Quartier, dem ehemaligen Straßenbahndepot. Seit 2009 kann man das Attribut „cool" hinzufügen, zumindest für das neue Schmuckstück, einen begehbaren „Weinklimaschrank". In ihm lagern bei konstanter Temperatur und Luftfeuchtigkeit besondere Jahrgänge, seltene Einzelflaschen und edelsüße Preziosen. Seltenes aus Kalifornien ist darunter, wie verschiedene Jahrgänge „Hillside Select" vom Weingut Shafer, Magnumflaschen der 1996er „Grande Année" von Bollinger oder rarer Eiswein vom Schloss Vollrads aus dem Rheingau. Das Angebot der Weinlounge wird nicht durch Länder und Anbaugebiete begrenzt, Felix Jaeger ist im Gegenteil stetig auf der Suche nach neuen Winzern und ihren Weinen. Ihn überzeugen nicht Namen, sondern allein Qualität. Sie ist auch das Aushängeschild seiner Weinseminare und -events, die von Basisseminaren bis zu Wine-Flights mit Winzern und Themenabenden reichen.

ADRESSE
Straßenbahnring 17
20251 Hamburg,
Hoheluft-Ost
Tel. 42 93 87 18
Fax 42 93 87 11
info@weinlounge.com
www.weinlounge.com

ÖFFNUNGSZEITEN
Mo – Fr 11 – 19.30 Uhr,
Sa 10 – 16 Uhr

NAHVERKEHR
U3 Hoheluftbrücke,
Bus 5 Eppendorfer Weg

INHABER
Felix Jaeger

SCHWERPUNKTE
Intensive Beratung,
Seminare und Events

ANGEBOT
400 Weine

EMPFEHLUNGEN

2008 Salice Salentino DOC, Farnese, Negroamaro & Malvasia Nero, Apulien, Italien, 4,50 Euro
Kräftiges Rubinrot mit violetten Reflexen. Die Nase ist intensiv und kräftig, sie duftet nach Pflaume, Kirschen und Gewürzen. Am Gaumen gut strukturierte und harmonische Frucht. Leichter Roter zum täglichen Genuss.

2008 Rittersberg Pinot Blanc Classique, Domaine Jean-Paul Schmitt, AOC Elsass, Frankreich, 8,90 Euro
Paradebeispiel für Weißburgunder: glasklar und blitzsauber. Trockener, fruchtiger Wein mit typischem, frischem Apfelaroma und fein ausbalancierter Säure. Ein perfekter „Aufreißer“ für viele Gelegenheiten.

2008 Greif, Tenuta Kornell, Lagrein DOC, Alto Aldige/Südtirol, Italien, 15,70 Euro
Intensiv einladend und fruchtbetont, mit Noten von reifen Brombeeren und Aromen von Bitterschokolade. Im Geschmack frisch mit weichem Tanninen fruchtig, saftig, „trinkig“ – für Rotwein-Schleckermäuler!

WEINLUST

Wolfgang Kaufholz, Inhaber von „Weinlust“ am Mühlenkamp, der immer attraktiver werdenden Flaniermeile in Winterhude, hat ein Faible für die Weine von Markus Schneider. Dieser junge Winzer hat das väterliche Weingut in der Pfalz innerhalb wenige Jahre zu nationalem Ruhm geführt. Er setzt überwiegend auf weltweit bekannte Rebsorten, gibt seinen Weinen Namen wie „Black Print“ oder „Ursprung“ und keltert seine Tropfen im internationalen Stil. Kaufholz hat alle Weine dieses Shootingstars in seinem Programm. Neben diversen anderen deutschen Gewächsen führt er vor allem Eigenimporte aus Frankreich und Italien, meist unbekannte Winzer, die aber lohnen, entdeckt zu werden. Der Händler ist ein emsiger Mann, der neben Gastroservice und Catering nahezu wöchentlich Weinseminare veranstaltet, die er selbst leitet. Vermittelt wird Basiswissen, Kenntnisse über die Harmonie von Wein und Speisen und Länderspezifisches. Da stehen die bekannten europäischen Weinländer auf der Tagesordnung, aber auch Südafrika oder Neuseeland.

ADRESSE
Mühlenkamp 14
22303 Hamburg, Winterhude
Tel. 27 88 68 86
Fax 27 88 68 87
info@weinlust.de
www.weinlust.de

ÖFFNUNGSZEITEN
Mo 15 – 19, Di – Fr 10 – 14 und 15 – 19 Uhr, Sa 10 – 16 Uhr

NAHVERKEHR
Bus 6, 25 Gertigstraße

INHABER
Wolfgang Kaufholz

SCHWERPUNKTE
Bordeaux, Piemont, Pfalz

ANGEBOT
310 Weine,
große Auswahl an Olivenölen und Balsamico

EMPFEHLUNGEN

2009 Viña Borgia, Garnacha, Bodega Borsao, Campo de Borja D.O., 4,70 Euro
Fruchtiger und solider Grenache, ohne Holz ausgebaut, hat Ähnlichkeit mit einem guten Côtes du Rhône.

2009 CB 1658 Schlossböckelheim Riesling „S“, Nahe, Christian Bamberger, 9,20 Euro
Herrliche trockene Selektion ausgewählter Trauben, zartfruchtig und elegant, ein Traum von der Nahe.

2008 Pulp de Nines, VdP Collines de la Moure, Domaine Clos des Nines, 12,50 Euro
Eleganter, harmonischer Rotwein aus Carignan- und Alicante-Trauben, der das herausragende Terroir widerspiegelt.

WEIN OUTLET

Bei einem Outlet erwartet man kein kreatives Ambiente – ganz egal, ob es um Mode oder Wein geht. Das „Wein Outlet“ in Bahrenfeld enttäuscht diese Erwartungen nicht. Im früheren Fabrikgebäude stapeln sich Kartons in langen Reihen – es geht nicht um Schönheit, sondern um gute Weine. Aus 15 Ländern stammt sein Angebot, sagt Inhaber Dirk Delventhal, die Preise seien so, wie man es von einem Outlet erwartet: Qualität zu günstigen Konditionen. Sein Prinzip: Die Kunden sollen nicht durch eine snobistische Präsentation eingeschüchtert werden – keine Schwellenangst, selbstbewusst und in Ruhe stöbern und für sich die besten Schnäppchen entdecken. Dabei schätzen viele Kunden seinen fachmännischen Rat. Schwerpunkte im Angebot sind Erzeugnisse aus Deutschland und Übersee. Darunter sind durchaus namhafte Weingüter – und in einem verschlossenen Schrank hat der Händler sogar die ganz Großen der Weinwelt. Und um die Kunden an Neuentdeckungen heranzuführen, veranstaltet Delventhal zwei- bis dreimal pro Jahr kostenlose Weinproben.

ADRESSE

Stresemannstraße 375
22761 Hamburg, Bahrenfeld
Tel. 89 01 90 41
Fax 89 01 91 39
info@wein-outlet.com
www.wein-outlet.com

ÖFFNUNGSZEITEN

Mo – Fr 12 – 20 Uhr,
Sa 10 – 16 Uhr

NAHVERKEHR

Bus 2, 3 Bornkampsweg

INHABER

Dirk Delventhal

SCHWERPUNKTE

Weine aus Deutschland und Übersee, dazu regelmäßig Kunstausstellungen.

ANGEBOT

600 Weine

EMPFEHLUNGEN

2009 Viña Borgia, Garnacha Tinto, Campo de Borja D. O., 4,20 Euro
Dunkles Rubinrot mit violetten Schattierungen, im Bouquet frische Himbeer- und Erdbeeraromen, am Gaumen blumige und rotbeerige Nuancen mit reichhaltigem, weichem Finish.

2009 Ursprung, Rotwein Cuvée, QbA trocken, Markus Schneider, Pfalz, 9,75 Euro
Tiefrote Farbe, verführerisches, facettenreiches Bouquet nach Brombeeren und Schwarzkirschen, am Gaumen ausladende rote und dunkle Beerenfrüchte sowie Aromen von Schokolade und Kräutern.

2009 Cloudy Bay, Sauvignon Blanc, Malborough, Neuseeland, 18,50 Euro
Glänzend hellgrüne Farbe, im Bouquet lebhaft aromatisch mit einer exotischen Mischung aus frischem Ingwer, süßlichem Basilikum und knackigen, grünen Äpfeln, am Gaumen ein Hauch von Zitronengras und Noten von reifen, tropischen Früchten.

WEINQUELLE HELMUT LÜHMANN

Etwas marktschreierisch sieht die „Weinquelle Lühmann“ – sehr verkehrsgünstig direkt am U-Bahnhof Wartenau gelegen – von außen schon aus, meist zieren knallige Plakate mit Sonderangeboten für Spirituosen die Schaufenster. Kein Grund, sich abschrecken zu lassen oder hier nur einen Billigheimer für Massenprodukte zu vermuten. Ganz im Gegenteil: Uwe Lühmann, der das Geschäft in dritter Generation leitet, hat ein feines Gespür für Entdeckungen in der Welt der Weine und der edlen Destillate. Rund 4000 Artikel hat er in seinem Programm, spezialisiert ist er auf Whisky und Rum. Doch auch bei den Weinen hat er ein gutes Händchen. Die ganz großen Namen fehlen, Lühmann setzt eher auf Direktimporte von meist noch nicht so bekannten Winzern, deren Weine ein besonderes Preis-Genuss-Verhältnis versprechen. Dabei stehen die traditionellen europäischen Regionen wie Deutschland, Frankreich, Italien und Spanien deutlich im Vordergrund. Für preisbewusste Kunden hat er auch mehrere „Bag-in-Box“, in 3- bis 10-Liter Kartons abgefüllte Weine vorrätig.

ADRESSE
Lübecker Straße 145
22087 Hamburg, Hohenfelde
Tel. 25 63 91
Fax 251 25 76
luehmann@weinquelle.com
www.weinquelle.com

ÖFFNUNGSZEITEN
Mo – Fr 9 – 18.30 Uhr, Sa 9 – 13 Uhr

NAHVERKEHR
U1 Wartenau, Bus 25, 35, 36
Wartenau

INHABER
Uwe Lühmann

SCHWERPUNKTE
Weineigenimporte aus aller Welt, große Spirituosenauswahl

ANGEBOT
700 Weine, 4000 Spirituosen

EMPFEHLUNGEN

2009 Vina Vilano Rosato Tempranillo, Ribera del Duero, Spanien, 4,50 Euro
Fruchtige, intensive Aromen von Erdbeeren, Himbeeren und Blaubeeren, gepaart mit floralen Noten.

2007 Rocca Primitivo di Manduria, Apulien, Italien, 5,95 Euro
Tiefrote Farbe mit violetten Tönungen. Sehr voll und komplex nach dunklen Früchten und Pflaume mit einer würzigen Note. 18 Monate im großen Holzfass gereift.

2008 Weingut Paulinshof-Lage, Brauneberger Kammer, Riesling Spätlese, feinherb, Mosel, 15,50 Euro
Das Bouquet erinnert an Rosenblüten und exotische Fruchtnoten von Papaya und Ananas. Fein eingebundene Säure, langes Finale.

Eigentlich ist Renate Buske Quereinsteigerin, aber das liegt nun schon über 25 Jahre zurück. Heute kann man sie alles zu Weinen fragen, und das tun die Weinfreunde in Eimsbüttel und verlassen sich auf ihren guten Geschmack. Schließlich hat sie jeden Wein und Jahrgang aus ihrem Angebot bereits probiert und verkauft nur die Tropfen, die ihr selbst schmecken. Frankreich liegt ihr besonders am Herzen, vor allem das Bordeaux und der Süden des Nachbarlandes. Darüber hinaus finden Kunden ein weit gefächertes Sortiment von Weinen aus Deutschland, Italien, Spanien und Übersee, auch im mittleren und günstigen Preissegment. Anders als viele andere Weinhändler betreibt Renate Buske keinen Onlineshop. „Ich bevorzuge den Parketthandel“, sagt sie, das persönliche Gespräch „von Mensch zu Mensch“ und die Beratung. Ihr Angebot an Flaschenweinen ergänzen lose Weine, Spirituosen, hervorragende Öle und Accessoires rund um den Wein. Natürlich bietet sie auch regelmäßig Weinproben an.

ADRESSE
Eppendorfer Weg 86
20259 Hamburg, Eimsbüttel
Tel. 40 59 83
Fax 40 18 90 84
info@weinrot-hh.de
www.weinrot-hh.de

ÖFFNUNGSZEITEN
Mo 15 – 20 Uhr, Di – Do 14 – 20 Uhr,
Fr 11 – 20 Uhr, Sa 10 – 16 Uhr

NAHVERKEHR
U2 Christuskirche, Osterstraße,
Bus 20, 25 Fruchtallee

INHABER
Renate Buske

SCHWERPUNKTE
Frankreich, Italien, Spanien,
Deutschland

ANGEBOT
600 Weine

EMPFEHLUNGEN

2008 Domaine de Pennautier, Domaine de Lorgeril, Carcassonne, Südfrankreich, 5 Euro
Cuvée von Syrah, Grenache und Cabernet. Pfeffrig, würzig.

2006 Barbera d'Asti, „Stella Rossa“, Marco Bonfante, Piemont, Italien, 7,90 Euro
Dunkle Kirsche, lebendig lang anhaltender Abgang.

2005 Château le Carillon, Pomerol, 22,80 Euro
Bordeaux-Wein, Merlot. Schwarze Kirsche, dunkle Schokolade.

WEINSELECTION

Wer bei Marco Schumacher Weine kaufen möchte, darf sie vorher probieren. Doch fast immer sind die Kunden von der Empfehlung der Weinhandlung angetan. Deren lange Erfahrung schätzen nicht nur viele Privatkunden und Weinliebhaber, sondern auch eine nennenswerte Zahl von Gastronomen aus Hamburg und Umgebung. Einen Schwerpunkt des Angebots machen die Winzerweine aus, deren individuell aussagekräftige Produkte Marco Schumacher schätzt. Vor der Zusammenarbeit mit einem Weingut besucht er den Winzer vor Ort, um sich ein Bild vom Betrieb zu machen und Kunden später optimal beraten zu können. Das Weinprogramm deckt die großen Wein produzierenden Mittelmeerländer sowie Österreich und Übersee ab, ein Schwerpunkt liegt auf deutschen Weinen, vor allem aus der Pfalz und Rheinhessen sowie auf spanischen Weinen, insbesondere aus Navarra und Rioja. Feinschmecker finden in der Weinselection leckere Tapenade, Öle, Pasta und belgische Schokoladen. Zu den angebotenen Accessoires gehören Gläser von Riedel und Kellnermesser von Château Laguiole.

ADRESSE
Lemsahler Landstr. 195
22397 Hamburg, Lemsahl-Mellingstedt
Tel. 60 76 11 58
Fax 60 76 11 59
info@weinselection.de
www.weinselection.de

ÖFFNUNGSZEITEN
Mo – Fr 10 – 19 Uhr
Sa 10 – 16 Uhr

NAHVERKEHR
Busse 176, 276,
Haltestelle Tannenhof

INHABER
Marco Schumacher

SCHWERPUNKTE
Deutschland, Spanien

ANGEBOT
300 Weine

EMPFEHLUNGEN

2005 Santonegro Crianza, Bodegas San Dionisio, Jumilla, Spanien, 4,95 Euro
Aromen von roten Beeren und Gewürzen sowie Röst- und Vanillearomen. Gut strukturierter Wein mit kraftvoller Art und guter Länge.

2009 Verdejo Rueda Martivilli, weiß, Spanien, 6,95 Euro
Strohgelb mit grünlichen Sprenkeln, trockener frischer Geschmack, Bouquet von Aprikosen-, Zitrus- und Ananasaromen.

2005 Rioja Dominio de Ugarte Reserva, Bodegas Heredad Ugarte, Spanien, 14,95 Euro.
Trockener Rioja von tiefdunklem Rot, breite Aromenpalette, reifer und kräftiger Tanningehalt, 16 Monate in amerikanischer Eiche und 24 Monate in der Flasche gereift.

WIJNHUS DER HANSE

Wer im „Wijnhus der Hanse" unbedingt einen australischen Chardonnay ordern möchte, muss unverrichteter Dinge wieder nach Hause gehen. Inhaber Hans-Joachim Stefanik führt nämlich ausschließlich Weine aus Europa. Dafür lohnt es sich allerdings, sein Angebot zu durchstöbern. Die ganz großen Namen drängen sich nicht in den Regalen, dafür lässt sich aber manche Trouvaille zu vernünftigen Preisen finden. Einst waren die jungen Pfälzer Winzer um den heutigen Topstar Markus Schneider bei Stefaniks Wijnhus zu Gast, bevor die deutsche Weinwelt überhaupt von deren Existenz wusste. Heute hat er dessen Weine nicht mehr im Programm – ihm zu beliebig. Noch immer setzt er auf die jungen Winzergenerationen aus Deutschland und Südfrankreich, weitere Schwerpunkte liegen auf Italien, Spanien und Portugal. Offenbar hat Stefanik ein gutes Händchen für Newcomer – und vielleicht stammt der hier gekaufte preiswerte Tropfen ja von einem der Stars von morgen.

ADRESSE
Krohnskamp 17
22301 Hamburg, Winterhude
Tel. 270 89 66
Fax 27 41 65

ÖFFNUNGSZEITEN
Mo – Fr 10 – 19 Uhr, Sa 10 – 16 Uhr

NAHVERKEHR
Bus 25 Dorotheenstraße

INHABER
Hans-Joachim Stefanik

SCHWERPUNKTE
Ausschließlich Europa, Schwerpunkt Deutschland und Südfrankreich. Stets Weinauswahl zum Verkosten bereit

ANGEBOT
500 – 600 Weine

EMPFEHLUNGEN

2009 Rivaner, Weingut Martin Waßmer, Marktgräflerland, Baden, 4,50 Euro
Frischer, fruchtiger Rivaner. Ein Hauch vom Muskat. Hervorragendes Preis-Leistungs-Verhältnis.

Prosecco di Valdobbiadene, Weingut Francesco Drusian, Veneto, Italien, 8,90 Euro
Trocken, klassisch, feiner Duft nach Blumen und Apfel, mit erfrischender, schlank prickelnder Säure.

2007 Cuvée Aubin, Weingut Massamier La Mignarde, Minervois im Languedoc, Frankreich, 11,90 Euro
Komplexer Wein aus den Rebsorten Syrah, Grenache, Carignan mit vielschichtiger Frucht, Holzpräsenz, aber sehr gut eingebunden.

EINE ALTE TRADITION WIEDERBELEBT

WAS IST EIGENTLICH »HAMBURGER ROTSPON«?

Literaturkennern ist der Begriff schon länger geläufig, denn Thomas Mann setzte dem Rotspon in seinem Roman „Buddenbrooks“ ein Denkmal. Doch erst in den vergangenen 20 Jahren ist dieser Tropfen in Hamburg zu neuen Ehren gekommen.

„Damals trat der Hamburger Senat auf meinen Vater zu“, erzählt Christoph von Have, heutiger Chef des seit 1868 bestehenden Weinhauses in Bergedorf. Die Stadt – angestachelt vom Erfolg des Lübecker Rotspons – wollte die alte Tradition auch hier wiederbeleben. Denn die geht zurück bis in die Hansezeit, also bis ins 13. Jahrhundert. Aus Bordeaux wurde fässerweise Rotwein in die norddeutschen Hansestädte verschifft, hier bis zur Reife gelagert und dann in Flaschen abgefüllt. „Der Name kommt wohl daher, dass die Leute vornehmlich aus Holzkrügen tranken, die sich dann rot färbten, roter Span – der Begriff war da“, berichtet Weinhändler von Have. Zur Zeit der napoleonischen Besetzung Hamburgs bedienten sich die französischen Soldaten ausgiebig an den Beständen und sollen an den im Norden ausgebauten Weinen deutlich mehr Gefallen gefunden haben als an den heimischen. So wird zumindest gern erzählt.

Der heutige Senior Horst von Have war gern bereit, sich für diese speziellen Tropfen wieder ein paar Fässer anzuschaffen. In den Gesprächen mit der Stadt setzte er durch, dass er dabei das Große Hamburger Staatswappen verwenden darf. „Eine absolute Ausnahme", sagt der Junior, um dann schmunzelnd einzuschränken: „Na ja, es ist nicht die ganz aktuelle Version, aber dafür sind wir die Einzigen, die es tragen dürfen." Zwei Löwen sind darauf zu sehen, und nicht nur an der Mähne deutlich als männlich zu erkennen. Heutzutage werden die Tiere im Senatswappen in schamhafterer Haltung gezeigt.

Genau 30 Fässer liegen in den altehrwürdigen Räumen am Bergedorfer Sachsentor. Der Wein kommt in Edelstahltanks aus Frankreich, erhält hier ganz im Osten der Hansestadt seine endgültige Reife – und durch die Lagerung im Fass auch einen anderen, eigenen Charakter. Von Have: „Bis zu zehn, zwölf Wochen lassen wir ihn ruhen, damit die Aromen des Holzes sich mit denen des Weines verbinden können – nur gerade mal so viel, dass der Wein noch harmonischer wird."

Vom Weingut Château La Bataille in der Bordeaux-Region Côtes de Castillon übernimmt die Familie von Have jedes

Jahr die komplette Ernte. Zehn Hektar hat der Besitzer Armand Burriel dort mit bis zu 60 Jahre alten Reben bepflanzt, zu 85 Prozent mit der Rebsorte Merlot. Den Rest teilen sich die Sorten Cabernet Franc und Cabernet Sauvignon. Diese Relation findet sich auch im Wein wieder, der dank des hohen Merlot-Anteils entsprechend weich und bekömmlich ist. „Zwischen 18 000 und 20 000 Flaschen füllen wir pro Jahr", sagt Christoph von Have, „der Wein hat natürlich nur regionale Bedeutung, aber Hamburg-Besucher nehmen auch gern einige Flaschen als Andenken mit."

Die Stadt hatte wohl recht mit ihrer Einschätzung: Rotspon ist wieder eine Hamburgensie. Von Have verkauft den Wein heute auch an andere Händler, er wird im Hotel „Hafen Hamburg" oder auch im Überseeklub ausgeschenkt.

Da die Menge durch die Hektarzahl des Lieferanten begrenzt ist, haben die von Haves noch einen zweiten Rotspon ins Programm genommen, von der Domaine de Bachellery aus dem Languedoc, der aber nicht das Wappen des Hamburger Senats trägt. Das bleibt allein dem edlen Gewächs aus dem Bordelais vorbehalten.

HOTEL
LOUIS C. JACOB

AUS DEM ALLTAG EINER SOMMELIÈRE

LIDWINA WEH

„Manchmal passieren ganz lustige Sachen“, erzählt Lidwina Weh, Chefsommelière im Restaurant des Hotels „Louis C. Jacob“. Zwei Gäste hatten sich auf Pfälzer Wein eingetrunken. Nach der zweiten Flasche baten sie um eine neue Empfehlung. Lidwina schlug einen „Homburger Kallmuth“ vor. „Nein, keinen Wein aus Hamburg, wir bleiben bei der Pfalz.“ Da gilt es ruhig zu bleiben und nicht laut loszulachen: Der „Homburger Kallmuth“ ist eine der berühmtesten Pfälzer Steillagen.

„Meine verrückteste berufliche Zeit habe ich in Dubai verbracht“, sagt die Sommelière. Das „Jumeirah Beach Hotel“, volkstümlich „Die Welle“ genannt, suchte jemanden mit Weinkompetenz, sie ergriff die Chance und war dann zuständig für 22 Restaurants und Bars, für die passende Auswahl der Weine und zugleich auch für die Schulung aller Kollegen. „Das erforderte full power, hat aber viel Spass gemacht“, erinnert sie sich. Finanziell lukrativ war es und hat ihr zusätzliche fachliche, aber auch psychologisch-soziale Kompetenz gebracht. Wie wird man eigentlich Sommelière? Lidwina zuckt bedauernd die Achseln: „Leider ist das keine geschützte Berufsbezeichnung.“ Und so könnte sich jeder,

der mit Wein zu tun hat, Sommelier nennen. Lidwina Weh absolvierte zunächst eine Ausbildung zur Restaurantfachfrau, lernte Rheingauer Weine auf Schloss Vollrads kennen, in Davos stand italienischer Wein im Mittelpunkt, in der Westschweiz dann französischer. Auf dem „Engelhof“, dem südlichsten Weingut Deutschlands, machte sie ein Winzerpraktikum, brannte dort selbst, versektete und packte im Weinberg mit an. Es folgten Stationen beim „Fairmont Estate“ in Neuseeland und der Sommelierfachschule in Heidelberg, Arbeit als Sommelière im „Schlosshotel Bühlerhöhe“ in Baden-Baden, anschließend war sie beim Großhändler „Wein-Wolf“ zuständig für Weinreisen, Verkostungen und Schulungen – „da kam ich unheimlich viel rum“. Bei solch einem Lebenslauf wundert es nicht, welch immenses Weinwissen die erst 35-Jährige hat.

Heute profitiert das „Louis C. Jacob“ davon – und natürlich dessen Gäste. Die gesamte Weinlogistik gehört zu Lidwinas Aufgaben, mit den Gästen im Bankettbereich bespricht sie vorab die Auswahl zu den einzelnen Gängen, hinzu kommen Verkostungen für die Weinempfehlungen auf der Tageskarte.

Außerdem muss die Weinkarte regelmäßig aktualisiert werden – „Weine für unterschiedlich prall gefüllte Geldbeutel“: Etwa 15 bis 20 Tropfen probiert Lidwina Weh mit ihrem Team pro Tag, teils von ihr gezielt angefordert, teils von Winzern zugesandt. Wichtig sei, dass die Weinkarte eine eigene Signatur trage. Eine Jahrgangstiefe macht sich bei großen Weinen immer gut. „Viele sind davon begeistert, doch kaum jemand nimmt das in Anspruch.“ Champagner

wird hier im Restaurant viel bestellt, „reizvoll ist sicher unsere Mischung aus großen Namen und Gewächsen kleiner Winzer".

Der Lieblingswein von Lidwina Weh ist meist einer derjenigen, die ihr von den letzten Verkostungen noch an den Lippen hängen, zuletzt ein 1990er Dom Perignon „Önothek"; ein 2008er Silvaner vom rheinhessischen Weingut Wagner-Stempel und eine 2005er Scheurebe vom Weingut am Stein in Franken – „alle drei total spannend".

Bei der Beratung am Tisch entscheidet sich dann, wie man bei den Gästen ankommt. „Einige folgen den Empfehlungen auf der Karte, andere wissen genau, was sie wollen. Finde ich die Wahl zu einem Gang gar nicht passend, mache ich einen Gegenvorschlag. Aber letztlich entscheidet natürlich der Gast." Hat jemand keinerlei Vorstellungen, fragt sie nach Vorlieben und Abneigungen. Kommt dann gar nichts und sie schlägt etwa einen Weißwein zum Fisch vor und erhält als Antwort „wir trinken nur Rotwein", ist das allerdings nervig, „deshalb frage ich ja vorher". Doch das sind Ausnahmen, „in der Regel sind unsere Gäste total angenehm".

EIN »KABINETT«-STÜCKCHEN

HAMBURGER WEIN

Gespannt blickt Fritz Currle durchs Refraktometer, um den Zuckergehalt der Trauben zu bestimmen: „Wir werden dieses Jahr mindestens 80 Grad Öchsle bekommen“, stellt er fest, „das wäre auch bei uns zu Hause ein guter Wert.“

Der Stuttgarter Winzer ist zuständig für die Pflege des Weinbergs am Stintfang. Zwischen Jugendherberge und Landungsbrücken stehen 75 Rebstöcke der weißen Sorte Phoenix und der roten Regent, 50 davon der Hamburgischen Bürgerschaft vor 15 Jahren gestiftet von den Wirten des Stuttgarter Weindorfs, das alljährlich und mit steigendem Zuspruch auf dem Rathausmarkt zu Gast ist. Weitere 25 Stöcke kamen im Jahr 2005 hinzu, nochmals die gleiche Zahl wurde im Sommer 2010 anlässlich des 25. Jubiläums des Weindorfs neu gepflanzt. „Nur Regent“, sagt Currle, „der bringt gute Ergebnisse. Damals wusste ich ja noch nicht, was in diesem Klima gedeiht.“ Frühreife Sorten hatte er gewählt, zudem nicht anfällig gegen Pilzkrankheiten. Denn eins ist klar: „Gespritzt wird nicht, Chemikalien sind tabu.“ Rindenmulch sorgt für die Nährstoffe im Boden. Im Weinberg am Elbhang – knapp 500 Quadratmeter groß – wird auf Natur gesetzt.

„Einen schlechten Jahrgang hatten wir hier noch nie“, weiß der Winzer, „den Mix aus Sonne und Regen lieben die Reben.“ Klasse statt Masse ist seine Devise – und so wird im Sommer gnadenlos ausgedünnt. „Grüne Lese“ heißt das, pro Trieb verbleibt nur eine Traube, in der sich Aromen und Extrakt umso mehr konzentrieren. Mindestens zweimal pro Jahr kommt Currle hierher und kümmert sich um die Reben. „Das ist ein richtiges Kind von mir geworden.“

Geringer Ertrag pro Hektar gilt weltweit als Qualitätskriterium. Spaßeshalber rechnet Fritz Currle um: 30 Hektoliter ergäbe die gelesene Menge pro Hektar. Höchstens. Damit läge er international in der Oberliga. Jetzt, nach 15 Jahren, haben die Reben schon die notwendige Kraft, die Trauben sind deutlich gehaltvoller als in jungen Jahren. Das haben auch die Vögel erkannt, sodass rechtzeitig schützende Netze über die Rebstöcke gespannt werden. Sofort nach der Lese gehen die Trauben per Kühlfracht zum Weingut Currle in Stuttgart-Uhlbach. Denn je schneller das Lesegut verarbeitet wird, desto geringer ist die Gefahr der Oxidation, die den Wein ältlich schmecken ließe.

Der Winzer ist per Flugzeug gekommen. „Zur Weinlese zu fliegen ist etwas ungewohnt“, sagt er, „bei uns im Ländle gehe ich zu Fuß dorthin.“ Tochter Christel keltert im elterlichen Gut den Hamburger Wein. Sie verarbeitet rote und weiße Trauben zusammen. „Schillerwein“ nennt man das in Württemberg, eine für die Region geschützte Bezeichnung. Daher steht der Begriff hier auch nicht auf dem Etikett. „Hamburger Stintfang Cuvée“ ist dort zu lesen, „Deutscher Tafelwein“.

Bis Anfang März reift der Wein in Glasballons, wird dann filtriert und auf die Flasche gezogen. „Säurebetont, kräftig, ähnlich einem trockenen Württemberger“, charakterisiert Fritz Currle den Hamburger Tropfen. In seiner Heimat würde der Wein als Kabinett eingestuft. Von der Qualität her könne man den Wein auch in Württemberg verkaufen, meint der Winzer. „Zwischen 20 und 30 Euro müsste die 0,5-Liter-Flasche allerdings kosten“, meint er, „das wäre vom Aufwand her gerechtfertigt, aber natürlich zu solch einem Preis nicht verkäuflich.“

Verkauft werden die Flaschen sowieso nicht – in diesem Jahr waren es gerade einmal 30 und im kommenden Jahr ist die Ausbeute wegen Diebstahls der Trauben sogar null. Sie werden normalerweise anlässlich des Stuttgarter Weindorfs der Stadt Hamburg überreicht. Die erste erhält traditionell der Erste Bürgermeister, weiteren bekommen besondere Gäste der Bürgerschaft. Einige Flaschen werden gerecht auf die Fraktionen aufgeteilt. So wird zumindest beim Wein das oft nervende Gezänk der Parteien vermieden. In vino pace!

RESTAURANTS

AMADÉE

Der Name ist Programm: Schwerpunkt bei Weinen und Speisen ist die österreichische Küche im „neuen Wiener Stil". Das „Amadée" in Altona hat in den vergangenen Jahren mehrere Besitzer und Küchenchefs kommen und gehen sehen, doch jetzt scheint die Richtung klar zu sein, und die Küche ist dabei, sich zu neuer Größe emporzuschwingen. Das Ambiente bietet innen eine Mischung aus barocken Elementen und charmanter Lockerheit. Sehr einladend ist die großzügige Terrasse im Hinterhof inmitten von nachbarschaftlichen Gärten. Die Weine stammen überwiegend aus Österreich – dabei sind aus allen Regionen die Spitzenwinzer vertreten, wie Willi Bründlmayer und Schloss Gobelsburg aus dem Kamptal, Axel Stiegelmar vom Weingut Juris aus dem Burgenland oder Bernhard Ott aus Wagram. Da schmecken die Schmankerln im Programm, das saftige Wiener Schnitzel mit warmem Kartoffel-Gurken-Salat zum Beispiel oder das Filet vom Wolfsbarsch auf Dattel-Nuss-Risotto, gleich noch besser.

ADRESSE
Max-Brauer-Allee 80
22765 Hamburg, Altona
Tel. 98 23 93 30
Fax 98 23 93 50
kontakt@restaurant-amadee.de
www.restaurant-amadee.de

ÖFFNUNGSZEITEN
Di–So ab 18 Uhr

NAHVERKEHR
S1, S3 Altona,
Bus 15 Gerichtstraße

TEAM
Inhaberin & Sommelière:
Karin Wege
Chefkoch: Peter Zühlke

SCHWERPUNKTE
Österreich

ANGEBOT
70 Flaschenweine,
18 offene Weine

EMPFEHLUNGEN

2009 Rosé Blaufränkisch von Stiegelmar, Burgenland, Österreich, Glas 0,2 l / 5,30 Euro, Flasche 19,50 Euro
Intensive Fruchtausprägung in der Nase. Am Gaumen präsentiert er sich frisch und ausgewogen mit schöner Lebendigkeit. Trocken.

2007 Sauvignon Hochsulz, Skoff, Steiermark, Österreich, 38 Euro
In der Nase ist er vielschichtig, Noten von schwarzen Johannisbeeren, grüner Paprika und Holunderblüte. Am Gaumen findet ein ähnliches Fruchtspiel statt. Weicher und dichter Körper. Ein kräftiger und dennoch klassischer Sauvignon.

2001 Zweigelt Golser Ungerberg, Stiegelmar, Burgenland, Österreich, 89 Euro (als Magnum 175 Euro)
Dichte Beerenfrucht mit Anklängen von Amarenakirschen, Cassis und Minze. Am Gaumen komplex, weich und voll, feinwürzig mit reifen Tanninen und Röstaromen. Langer Abgang.

Ein paar Stufen nach oben und man ist mittendrin im „Amaranto“, dem gemütlichen Bistro mit nettem und kompetentem Service. Der Name ist italienisch, die Speisen sind vorwiegend spanisch, die Inhaberin hat kroatische Wurzeln, der Sommelier ist ein Deutscher: eine durch und durch internationale Atmosphäre. Grandios ist das Angebot an offenen Weinen – aus den bekannten europäischen Anbauländern mit Italien, Frankreich und Spanien als Schwerpunkten, aber auch aus Kroatien. Dabei stehen auf der Karte Weine aus bekannten internationalen ebenso wie aus autochthonen, also nur in der jeweiligen Region angebauten Rebsorten – Vielfalt ist im „Amaranto“ angesagt. Spezialität des Hauses sind Tapas, warm und kalt. Tipp: Um die ganze Vielfalt kennenzulernen, einfach „Tapas variadas“ bestellen. Die Tageskarte wechselt erfreulich oft, die Inhaber legen Wert auf saisonale Gerichte und auch auf Speisen der Region. Und so wird hier – für ein Weinbistro recht überraschend – in der kalten Jahreszeit auch Grünkohl angeboten.

ADRESSE
Winterhuder Weg 146
22085 Hamburg, Winterhude
Tel. 22 69 11 11
info@amaranto-hh.de
www.amaranto-hh.de

ÖFFNUNGSZEITEN
Mo – Sa ab 18 Uhr

NAHVERKEHR
Bus 6, 25 Mühlenkamp/Hofweg

TEAM
Inhaberin & Chefköchin:
Marija Komljen
Sommelier: Andreas Rexin

SCHWERPUNKTE
Tapas und europäische Weine

ANGEBOT
172 Flaschenweine,
107 offene Weine

EMPFEHLUNGEN

2009, Viña Cerrada Blanco, Bodegas Muerza, Viura, Rioja, Spanien, Glas 0,2 l / 4,60 Euro, Flasche 15,80 Euro
Hellgelbe Farbe mit grünen Reflexen. Klar und brillant. Intensive Fruchttöne, erfrischend und lebendig.

2007, Romanisco Reserva, Caves do Casalinho, Touriga Nacional, Touriga Franca, Tinta Roriz, Douro, Portugal, Glas 0,2l/6,50 Euro, Flasche 22,40 Euro
Rubinrot. Ausbau in französischen Eichenholzfässern. Aromen von Waldfrüchten, Trockenfrüchten und leichte Anklänge von Kräutern. Vollmundig und würzig. Seidig am Gaumen. Mit feinen Tanninen.

2006, Barolo Serralunga, Aziena Agricola Rivetto, Nebbiolo, Piemont, Italien, Flasche 74 Euro
Granatrot mit orangefarbenen Reflexen. Ausbau im französischen Barrique und 30-Hektoliter-Eichenfässern aus Slawonien. Sehr runder und gut ausbalancierter Wein mit wundervollen Anklängen von Rosen. Strukturreich mit moderaten Tanninen.

BRASSERIE LA PROVENCE

Provenzalische Atmosphäre im tiefsten Ottensen. In der „Brasserie la Provence" kommt sie ganz selbstverständlich daher. Mit einem Kir Royal zur Begrüßung, mit Charme, gemütlich kommunikativem Ambiente und gelungenen Kombinationen von Speisen und Weinen. Buntes Marktgemüse mit dünn aufgeschnittenem pochiertem Schinken und einer frivolen Absinthevinaigrette, gebratene Rotbarbenfilets mit Olivenkruste und geschmolzenen Tomaten und als Dessert warmes Schokoladen-Soufflé mit fruchtiger Überraschung, so könnte ein dreigängiges Menü aussehen. Wie die Inspirationen zu den Speisen stammen auch die Weine aus der Provence, ganz genau aus den Appelationen Côtes-de-Provence, Coteaux-d'Aix-en-Provence und Coteaux-Varois-en-Provence. Alle Weine importiert die Brasserie selbst. Ein Wein aus dem aktuellen Angebot wird alle vier bis sechs Wochen wechselnd zum Favoriten des Monats, dem „Vin du Mois" erhoben. Meist stammt er von einem der bekannten Cru aus der Provence oder hat auch ohne Prädikat überzeugt.

ADRESSE
Eulenstr. 42
22765 Hamburg, Ottensen
Tel. 30 60 34 07
info@brasserielaprovence.de
www.brasserielaprovence.de

ÖFFNUNGSZEITEN
Di–Sa ab 18 Uhr

NAHVERKEHR
S1, S3 Altona, Bus 1, 250 Altona

TEAM
Inhaber: Stephan Hippe, Boris Krivec
Chefkoch: Stephan Hippe
Sommelier: Boris Krivec

SCHWERPUNKTE
Weine und Speisen aus der Provence

ANGEBOT
20 Flaschenweine, 20 offene Weine

EMPFEHLUNGEN

2007 Les Rougian Rouge, Les Vignerons de Taradeau, AOC Côtes-de- Provence, Glas 4,50, Flasche 17 Euro
Ein typischer lebhafter Wein der Provence aus Syrah und Grenache. Auch leicht gekühlt zu genießen.

2009 Cuvée Brasserie la Provence, Semillion, Ugni-Blanc, Glas 6,00, Flasche 19 Euro
Typischer Vertreter für Weine aus der Provence, vom Château Les Crostes in Lorques für die Brasserie abgefüllt.

2009, Château Miraval, Cuvée Pink Floyd, Glas 7,50, Flasche 28 Euro
Erfrischender eleganter Rosé mit delikater Fruchtnote aus Cinsault und Grenache. Wunderbar zu leichter Sommerküche, zu Geflügel oder Fisch.

CALLA

Es gibt Menschen, die haben eine gewisse Scheu vor Hotel-Restaurants. Beim „Calla" im Steigenberger Hotel sollten sie die schleunigst ablegen, um nichts zu verpassen. Denn Chefkoch Michael Winkle bietet europäische Haute Cuisine, die er mit Aromen des Fernen Ostens kombiniert – und das aufs Feinste. Stubenküken mit Pfifferlingen und Muntokpfeffersauce oder Lammrücken und -kotelett in Zitronengras mariniert mit Gemüse-Couscous sind nur zwei Beispiele für die gelungene Fusion beider kulinarischen Welten. Perfekt auf die Gänge abgestimmte Weine sorgen für eine gelungene Dramaturgie der Menüs. Um den Gästen die besten Weine des Landes näher zu bringen, veranstaltet das „Calla" mehrmals pro Jahr Degustationsmenüs, bei denen Winzer wie der Shootingstar Markus Schneider aus der Pfalz über ihre Weine und deren Harmonie mit unterschiedlichen Speisen erzählen. Auch Spitzenwinzer aus dem Verband „VDP. Die Prädikatsweingüter" oder dem „Pfälzer Barrique Forum" sind regelmäßig zu Gast, um ihre international gefragten Kreszenzen zu präsentieren.

ADRESSE
Heiligengeistbrücke 4
(im Steigenberger Hotel)
20459 Hamburg, Neustadt
Tel. 36 80 60
Fax 36 80 67 77
calla@hamburg.steigenberger.de
www.calla.steigenberger.de

ÖFFNUNGSZEITEN
Di – Sa 18 – 23 Uhr

NAHVERKEHR
U3 Rödingsmarkt,
Bus 3, 6 Rödingsmarkt,
S1, S3 Stadthausbrücke

TEAM
Chefkoch: Michael Winkle
Sommelier: Markus Resmer

SCHWERPUNKTE
Weinmenüs, Degustationsmenüs

ANGEBOT
124 Flaschenweine, 21 offene Weine

EMPFEHLUNGEN

2008 Sauvignon Blanc, Dr. von Bassermann-Jordan, Pfalz, Flasche 34 Euro
Ein spritziger Wein mit fruchtigen Nuancen von Holunderblüten, Stachelbeeren und Paprika.

2008 Malterdinger Bienenberg „R“, Weißer Burgunder, Bernhard Huber, Baden, 54 Euro
Mehr als 30 Jahre alte Reben verleihen diesem Wein einen mächtigen Körper, dabei bleibt er jedoch elegant und fruchtig frisch.

1999 Solare Capannelle, Sangiovese und Malvasia Nera, Toskana, 92 Euro
Bukett mit Aromen von Kaffee, Pflaumen und Gewürznelken. Weicher, samtiger Geschmack von Sauerkirschen und Süßholz.

CARLS AN DER ELBPHILHARMONIE

Schon lange bevor in der Elbphilharmonie der HafenCity der erste Ton erklingt, klingen bei Carls munter die Gläser. Der „Ableger" vom schicken Jacob an der Elbchaussee profitiert von der vinologischen Kompetenz des Stammhauses. In der Brasserie sitzt man auf lederbezogenen Bänken und blickt durch große Fenster auf den Elbstrom oder den wachsenden Kristallpalast der Elbphilharmonie. Und die freundliche Bedienung kennt die Antwort auf die Frage nach dem passenden Wein zu der bereits legendären Currywurst. Das Bistro bietet mit hellen Fichtenholztönen ebenfalls französische Atmosphäre und zum Wein leckere Kleinigkeiten – Quiches, Tartins, Salate oder andere aktuelle Angebote von der Kreidetafel. Blickfang ist hier die offene Küche und der gläserne Weinschrank, in dem viele köstliche Tropfen sehnsüchtig darauf warten, aus ihrer Flasche befreit zu werden. Wem Speisen und Weine besonders gut geschmeckt haben, kann verschiedene Flaschen, Gewürze und andere Leckereien im angeschlossenen Carls-Laden für zu Hause erwerben.

ADRESSE

Am Kaiserkai 69
20457 Hamburg, HafenCity
Tel. 300 32 24 00
carls@carls-brasserie.de
www.carls-brasserie.de

ÖFFNUNGSZEITEN

Brasserie Mo – Fr 12 – 14.30 Uhr & 18 – 23 Uhr, Sa – So 12 – 23 Uhr, **Bistro** tgl. 12 – 22.30 Uhr

NAHVERKEHR

U3 Baumwall,
Bus 6 Magellan-Terrassen

TEAM

Inhaber: Familie Rahe
Chefkoch: Michael Rinkert
Sommelière: Lidwina Weh

SCHWERPUNKTE

Norddeutsche, französische Küche mit Weinen aus Italien und Frankreich

ANGEBOT

65 Flaschenweine, 12 offene Weine

EMPFEHLUNGEN

2007 Riesling, QbA, „Fass 9“, Weingut Tina Pfaffmann, Pfalz, 20 Euro
Spritzig, fruchtbetont, mit den klassischen Riesling-Noten nach Aprikose und rotbackigem Apfel ausgestattet.

2005 Château D’Aurilhac, Haut-Médoc, 51 Euro
Der Wein wird von einem berauschenden Cassis- und Brombeerbouquet mit viel Würze und Tiefe beherrscht. Ein überaus stimmiger Wein mit kaum spürbarem, sattem Tannin.

2006 Ornellaia, Tenuta dell’ Ornellaia, Bolgheri, Toskana, 220 Euro
Der 2006er Ornellaia ist ein wundersamer Jahrgang mit unglaublicher Ausgewogenheit. Ein runder, intensiver und harmonischer Rotwein mit intensivem Fruchtaroma.

DIE BANK

Rund 100 Jahre lang drehte sich hier alles um Baufinanzierungen und andere Geldgeschäfte. Seit einigen Jahren nun ist die ehemalige Kassenhalle im Hochparterre des alten Hypothekenbankhauses Schauplatz sinnlich-kulinarischer Vergnügen. Das ist gleichermaßen Verdienst des neuen Chefkochs Thomas Fischer, der sich schon auf Sylt um die gelungene Zubereitung von Meerestieren verdient gemacht hat, wie von Sommelier André Nini, der die ungewöhnlich gut sortierte Weinkarte mit nicht wenigen teuren Tropfen verantwortet. „Die Bank exklusiv“ nennt sich die Serie von Spezialabfüllungen unterschiedlicher Weingüter, die bisher einen deutschen Rieslingsekt, einen Riesling aus Rheinhessen, einen Grau- und einen Spätburgunder aus dem Badischen und zwei Spätburgunder von der Ahr sowie einen Côtes du Rhône aus Gigondas hervorgebracht hat. Exklusiv darf sich auch das Publikum der Brasserie und Bar nennen, in dem Geschäftsleute einen adäquaten Treffpunkt gefunden haben.

ADRESSE
Hohe Bleichen 17
20354 Hamburg, Neustadt
Tel. 23 80 03 60
info@diebank-brasserie.de
www.diebank-brasserie.de

ÖFFNUNGSZEITEN
Mo – Sa 11.30 – 23 Uhr

NAHVERKEHR
U2, S1, S2, S3 Jungfernstieg,
U2 Gänsemarkt

TEAM
Inhaber: Dirk von Haeften
Chefkoch: Thomas Fischer
Sommelier: André Nini

SCHWERPUNKTE
Internationale Spitzenküche mit bester Weinauswahl, Austernbar

ANGEBOT
200 Flaschenweine,
11 offene Weine

EMPFEHLUNGEN

2009 Riesling QbA, „Die Bank exklusiv", Rheinhessen, 27 Euro
Feine saftige Frucht, Pfirsich, reife Äpfel, dezente Limonenanklänge.

2009 Pouilly Fumé, „Die Bank exklusiv", Domaine Jonathan Pabiot, Sauvignon Blanc, Loire, Frankreich, 39 Euro
Stachelbeeren, Mandarinen, Johannisbeere, leicht kernige Note, schöne Mineralität und Länge.

2007 Spätburgunder Fass 719, „Die Bank exklusiv", Weingut Jean Stodden, Ahr, 49 Euro
Rote Früchte, Himbeeren, Waldbeeren, Sauerkirschen, unendlich lange Schiefermineralität, gutes Alterungspotenzial.

Ein Filmstar in Winterhude: Schauspieler und Winzer Gérard Depardieu wurde hier bereits gesichtet. Und die Weinbar von Frank Nasemann spielt in den Folgen von TVino mit Starsommelier Hendrik Thoma neben dem Wein stets die Hauptrolle. Um 1920 hatte hier noch ein Eisenwarenhandel sein Domizil, später diente das Gebäude als profaner Lagerraum. Statt Schrauben, Nägeln und Werkzeug stapeln sich in den Regalen des „Dorotheum" – ganz in der Nähe des U-Bahnhofs Sierichstraße – heute Weine aus aller Welt. Die moderne Weinbar mit rund 40 Steh- und Sitzplätzen öffnet sich zur Straße mit rund 30 Außenplätzen auf dem Trottoir. Neben den Weinen werden hier Flammkuchen in vielen Variationen angeboten. Für private Gruppen gibt's ausreichend Platz: Etwa 120 Personen können im Veranstaltungskeller feiern oder im kleineren Rahmen auch Weinproben genießen. Bis mindestens 23 Uhr ist die Bar geöffnet – Durstige können auch zu später Stunde hier noch ihr privates Lager auffüllen.

ADRESSE
Dorotheenstraße 17 a
22299 Hamburg, Winterhude
Tel. 54 76 39 90
Fax 54 76 39 92
dorotheum@binasco.de
www.weinundraum.de

ÖFFNUNGSZEITEN
Mo – Fr 10 – 23 Uhr, Sa 16 – 23 Uhr

NAHVERKEHR
U3 Sierichstraße,
Bus 25, 109 Sierichstaße

TEAM
Inhaber: Frank Nasemann

SCHWERPUNKTE
An der Bar kann bis 23 Uhr zu Ladenpreisen Wein für zu Hause gekauft werden

ANGEBOT
250 Flaschenweine,
40 offene Weine

EMPFEHLUNGEN

2009 Domaine de Millet, Gascogne, Frankreich, Colombard und Ugni Blanc Trauben, weiß, Glas 0,1 l / 2,30 Euro, Flasche 17 Euro
Dezente Pfirsichnoten, trocken und fruchtig. Sehr frisch mit zurückhaltender Säure.

2009 Weingut Knipser, Pfalz, Grauer Burgunder, Spätlese trocken, Glas 0,1 l / 3,50 Euro, Flasche 26 Euro
Kräftiger Sortentyp mit viel Schmelz und lebendiger Frucht.

2006 Francis Ford Coppola, Kalifornien, Diamont Collection, Zinfandel, Glas 0,1 l / 4,30 Euro, Flasche 32 Euro
Bouquet von Brombeere, Erdbeere und Vanille. Am Gaumen Noten von Pflaume, Waldbeere und Pfeffer. Trocken, fruchtig, sehr rund und harmonisch mit weichem Abgang.

Die moderne Technik in Hotel, Restaurant, Bar, Wellnesstempel und der Event-Location mit LED-Videowänden und Plasmabildschirmen verschmilzt mit den alten Backsteinelementen des früheren Gewerbegebäudes und gewagten kubistischen Formen von Lampen, Stühlen und an anderem Interieur zu einem aufregenden Gesamtkunstwerk. Vier Bars und Lounges schaffen ganz unterschiedliche Entspannungswelten, von der Yakshi's Bar, die praktisch nie schließt, mit 250 Getränkevarianten bis hin zur roten Sofalandschaft der Smirnoff Lounge, einem Chill-out-Paradies. Bei den Weinen sind wohl alle großen Namen der Welt vertreten – und bereits beim Lesen wird man angenehm beschwingt –, doch auch für nicht so prall gefüllte Geldbeutel gibt's tolle Angebote. Die Karte gibt sich lyrisch und stimmungsvoll, mit Roséweinen, „leuchtend wie die Abendsonne“, und roten Weinen, „die mit Frieden und Harmonie übereinstimmen“. Mit Küchenchef Tell Wagner, der in seiner Karriere schon einen Michelin-Stern erkochte, hat die euro-asiatische Küche deutlich zugelegt.

ADRESSE

Simon-von-Utrecht-Straße 31
20359 Hamburg, St- Pauli
Tel. 30 99 32 07
Fax 30 99 32 00
restaurant@east-hamburg.de
www.east-hamburg.de

ÖFFNUNGSZEITEN

Mo – Fr 12 – 15 Uhr, So – Mi 18 – 23 Uhr, Do – Sa 18 – 24 Uhr

NAHVERKEHR

U3 St. Pauli, S1, S3 Reeperbahn

TEAM

Inhaber: Christopf Strenger, Marc Ciunis
Chefkoch: Tell Wagner
Sommelier: Christopher Weckler

SCHWERPUNKTE

Euroasiatische Küche, umfangreiches Sushi-Angebot. Internationale und Weine aus Deutschland.

ANGEBOT

150 Flaschenweine, 25 offene Weine

EMPFEHLUNGEN

2009 Riesling Edition „EAST“, Weingut Dr. Loosen, Mosel, 24,50 Euro

Typischer Moselsteilhang-Riesling, mit interessantem Säure-Frucht-Spiel, geringer Alkoholgehalt 11 %, Gastzitat: „Wo bleibt die nächste Flasche?!“

2009 Semillon-Sauvignon-Blanc, Cape Mentelle, Margret River, Western Australia, 36 Euro

Frischer, fruchtiger Charakter mit Aromen von exotischen Früchten, rassig und komplex.

2003 Ornellaia, Tenuta Dell’Ornellaia, Bolgheri, Toskana, Italien, 198 Euro

Einer der Kultweine Italiens, einer der besten der Welt! Tiefe und Konzentration, grandiose Textur, ein großer Wein!

Auf „Mo's“ Weinempfehlung des Monats kann man sich verlassen. Ein ausgesuchter teurer Tropfen der Weinkarte wird geöffnet und auch glasweise ausgeschenkt. So können Gäste hochwertige Weine probieren, ohne gleich eine ganze Flasche bestellen zu müssen. Mo gibt den Gästen natürlich auch ansonsten gute Ratschläge zur Weinbestellung und stellt auch die Weinbegleitung zum Überraschungsmenü auf der Karte zusammen. „Fillet of Soul“ liegt in den Deichtorhallen, Besucher des „Haus der Photographie“ freuen sich darüber, aktuelle Kunst und gute Küche gleichermaßen genießen zu können. Die kreativen Gerichte der Crossover-Küche komponiert Patrick Gebhardt, einst Küchenchef im „Weißen Haus“, der alten Wirkungsstätte von Tim Mälzer. Da begleitet das Entrecôte von beeindruckenden Ausmaßen eine Koriander-dominierte Sauce oder ein Schwertfischsteak kokettiert mit Süßkartoffelstrudel. Eine tolle Idee sind die „Movie-Dinners“: Filme werden auf der Leinwand gezeigt, dazu gibt es ein zum Filmthema ausgesuchtes Menü – und natürlich auch die zu Film und Menü passenden Weine.

ADRESSE

Deichtorstraße 2
20095 Hamburg, Hammerbrook
Tel. 70 70 58 00
Fax. 70 70 57 99
info@fillet-of-soul.de
www.fillet-of-soul.de

ÖFFNUNGSZEITEN

Mo 11–15 Uhr, Di–Sa 11–24 Uhr
(Küche bis 22 Uhr) So 11–18 Uhr

NAHVERKEHR

U1 Steinstraße

TEAM

Inhaber: Florian Pabst,
Patrick Gebhardt
Chefkoch: Patrick Gebhardt
Sommelier: „Mo“

SCHWERPUNKTE

Crossover-Küche

ANGEBOT

57 Flaschenweine, 15 offene Weine

EMPFEHLUNGEN

2008 Viognier, Domaine de Brecou, 100 % Viognier, Languedoc, 20 Euro
Ein trockener Weißwein mit einem blumigen Duft und einem Aroma nach Gewürzen. Mittelschwer.

2009 Scheurebe, Schloss Proschwitz, Dr. Georg Prinz zur Lippe, Sachsen 37 Euro
Rund, leicht mineralisch mit Stachelbeere und tropischen Früchten im Abgang.

2006 Châteauneuf du Pape, Domaine du Grand Tinel, Grenache Noir, Syrah, Cinsault und Mouvèdre, 45 Euro
Voller Wein, etwas pfeffrig im Abgang, wenig Säure und doch vollmundig.

KAFFEE- UND WEINHAUS KLEINHUIS

Etwa 12 000 Flaschen Wein lagern in den Katakomben des Weinhauses und Restaurants, und jeden Donnerstagabend laden Sommelier Peter Pickern, der seit mehr als 30 Jahren die Weinfreunde im Haus betreut, und sein Team in den exzellenten Weinkeller zum „Open cellar“. Dann werden gegen eine kleine Pauschale mit Snacks aus der Küche Weine verkostet, themenbezogen, nach Ländern und Regionen oder nach Rebsorten. Die Weine auf der Karte stammen überwiegend aus Deutschland, dazu aus anderen bekannten europäischen und einigen überseeischen Anbaugebieten. Das „Kleinhuis“, benannt nach der Inhaberfamilie, liegt etwas versteckt an der Rückfront des Hotels „Baseler Hof“ in der Fehlandtstraße. Die Alster ist um die Ecke, die Staatsoper ebenso – ein idealer Standort für Hamburg-Besucher, um die Hansestadt problemlos zu erkunden. Das Restaurant bietet „deutsche Küche von heute“, frisch zubereitet mit Produkten aus dem Hamburger Umland. Und bei 45 offenen Weinen auf der Karte findet man immer den passenden Begleiter zum Essen.

ADRESSE

Fehlandtstraße 26
20354 Hamburg, Neustadt
Tel. 35 33 99
Fax. 34 37 77
info@weinrestaurant-kleinhuis.de
www.weinrestaurant-kleinhuis.de

ÖFFNUNGSZEITEN

Mo – So 12 – 24 Uhr

NAHVERKEHR

U1 Stephansplatz, S1, S3 Jungfernstieg, Bus 4, 5, 109 Stephansplatz

TEAM

Inhaber: Just Kleinhuis
Chefkoch: Michel Georges
Sommelier: Peter Pickern, Jan Lipka

SCHWERPUNKTE

Weine aus Deutschland, Frankreich, Italien, Schweiz, Spanien, regionale Küche

ANGEBOT

120 Flaschenweine, 45 offene Weine

EMPFEHLUNGEN

2008 Weingut zur Schwane, Silvaner QbA, trocken, Franken, Flasche 18 Euro
Klassischer, frischer Silvaner.

2008 Weingut Gunderloch, Rheinhessen, Riesling Großes Gewächs, Pettenthal, 31,88 Euro
Dichte Mineralität und ein schönes Säurespiel ergeben einen höchst interessanten Riesling.

1999 Château Palmer Troisième Cru Classé, Margeaux, Frankreich, 121,69 Euro
Johannisbeeren und Kaffee in der Nase, am Gaumen tanninlastig, langer Abgang.

LA FAYETTE

Die Liebe zu Frankreich zeigt sich bereits am Namen des rotlackierten Eckrestaurants und gleichermaßen an der Weinkarte. Der überwiegende Teil der Roten und Weißen sowie der Brände stammen aus unserem südwestlichen Nachbarland. Schließlich hat Patron Richard Röhrich, der aus der bayerischen Oberpfalz stammt, im Laufe seiner langen Karriere auch schon in Paris gearbeitet. Den Weinempfehlungen des Connaisseurs kann man vertrauen und wird dabei manche Entdeckung auch bei italienischen und deutschen Weinen machen. Wenn ein Restaurant seit mehr als 30 Jahren existiert – immer vom selben Patron geleitet – und stets in den Bestenlisten der Gourmetführer auftaucht, muss es einfach gut sein. Richard Röhrig hat vor einigen Jahren die Regie in der Küche an seine Frau Nathalie abgegeben. Sie gehört seitdem zur kulinarischen Oberliga von Frauen, die in den Hamburger Restaurantküchen das Sagen haben. Ihre kreativen mediterranen Gerichte lassen es kaum vermuten, doch sie stammt aus Braunschweig im Südosten von Niedersachsen.

ADRESSE
Zimmerstr. 30
22085 Hamburg, Uhlenhorst
Tel. 22 56 30
Fax 22 56 30
info@la-fayette-hamburg.de
www.la-fayette-hamburg.de

ÖFFNUNGSZEITEN
Mo – Sa ab 18 Uhr

NAHVERKEHR
Bus 6 Zimmerstr.

TEAM
Inhaber & Sommelier:
Richard Röhrich
Chefköchin: Nathalie Röhrich

SCHWERPUNKTE
Großes Wein- und Digestif-Angebot, saisonale Küche rund ums Mittelmeer

ANGEBOT
180 Flaschenweine, 20 offene Weine

EMPFEHLUNGEN

2009 Riesling, Bürgermeister Willi Schweinhardt, Nahe, 24 Euro
Klare Aromen, jung und frisch, in der Nase und am Gaumen Noten von Apfel und Zitrusfrüchten. Anregend und erfrischend, einfach köstlich.

2009 Sauvignon Blanc, Walter Skoff, Steiermark, Österreich, 28 Euro
Hellgold schimmert der Sauvignon Blanc im Glas, intensive Aromen von Wald- und Stachelbeeren, dazu leichte Cassisnoten, sehr saftig und mit viel Finesse im Finale.

2006 Tignanello, Marchesi Antinori, Toskana, Italien, 105 Euro
Der „Super-Toskaner" zeigt sich in kräftigem Rubinrot, in der Nase reife rote Früchte und Gewürze, am Gaumen reichhaltig und füllig, zugleich elegant und komplex mit samtigen Tanninen, Schokoladennoten im Finish.

LA MIRABELLE

Die Frage nach seinem Kochstil beantwortet Pierre Moissonnier ganz eindeutig: „Französische Gerichte mit marktfrischen Zutaten.“ Die Antwort auf die nächste Frage, „Welche Weine schlagen Sie vor?“, liegt auf der Hand, und das Ergebnis funkelt bald im Glas. „Bei uns geben sich Wein und Küche das Jawort“ meint Pierre. Das „Mirabelle“ lebt von ihm und seiner Liebe zu französischem Wein und Essen. Seine Preise sind im Vergleich zu anderen, meist belanglosen italienischen Restaurants im Univiertel nicht billig, aber angesichts der Qualität äußerst passabel. Monsieur Moissonnier offeriert ein „Menu Vin“, bei dem zu jedem der vier Gänge ein korrespondierender Wein angeboten wird – fein abgestimmt auf die Aromen der Gerichte und ihrer Saucen. Die Speisenkarte wechselt oft, die Produkte sollen ja zur Jahreszeit passen. Das Filet vom Ochsen, in rotem Burgunder pochiert, begeistert, dazu gibt es Kartoffelgratin mit Muskatblüten, gebratenen Spitzkohl und weiße Rübchen – und wer's mag, probiert die hervorragende Trilogie von Foie gras.

ADRESSE
Bundesstraße 15
20146 Hamburg, Rotherbaum
Tel. 410 74 85
info@la-mirabelle-hamburg.de
www.la-mirabelle-hamburg.de

ÖFFNUNGSZEITEN
Mo–Sa 18–23 Uhr

NAHVERKEHR
U2, U3 Schlump, S21, S31 Dammtor, Bus 4, 5 Universität / Staatsbibliothek

TEAM
Inhaber & Sommelier:
Pierre Moissonnier
Chefkoch: Oliver Behr

SCHWERPUNKT
Frankreich

ANGEBOT
300 Flaschenweine, 15 offene Weine

EMPFEHLUNGEN

2007 Cave Cooperative de Turckheim, Pinot Blanc,Vallee de Munster, 20 Euro
So kann ein Pinot Blanc auch sein: Birne, leicht, rund, kapriziös.

2003 Château Flaugergues, Montpellier, Constance, La Mejamelle, Syrah, Conte Henry de Colbert, Côteau du Languedoc, Magnumflasche 54 Euro
Kräftiger, aber mineralischer Rotwein.

2005 Puechcamp, Daniel Faure, Galaad, 90 % Syrah, 10 % Grenache, VDP Duché d'Uzès, 49 Euro
Sehr komplex, Brombeeren, Süßholz, Pflaumen, sanft und kräftig.

LANDHAUS DILL

Volkmar Preis ist mit seinem „Landhaus Dill“ an der Elbchaussee mittlerweile eine Hamburger Institution. Dabei stammt er aus Österreich – mit dem Namen seiner Neugründung, dem Bistro „Fischbeisl“ an der Großen Elbstraße, hat er es jedermann offenbart. So stehen natürlich auch etliche Weine aus seinem Heimatland auf beiden Karten, im Stammhaus an der Elbchaussee ist die Auswahl entsprechend größer, Tropfen aus Deutschland, Italien und Frankreich findet man dort ebenso wie etliche aus Südafrika. Ungestört vom Brausen auf der viel befahrenen Elbchaussee kann man zur Sommerzeit im schönen Garten mit seinen vielen Blumen wunderbar entspannen und die klassischen deutschen und österreichischen Gerichte genießen. Die Küche ist saisonal geprägt, Klassiker sind Steinbeißerfilet mit Hummersauce, Spargel, Meerrettichsauce und Röstkartoffeln oder die Vierländer Ente. Jeden Monat wird ein sechsgängiges Weinmenü angeboten, das Motto der mit den einzelnen Gängen korrespondierenden Weine wird variiert – mal Frankreich, beim nächsten Mal dann sicherlich Österreich.

ADRESSE
Elbchaussee 94
22763 Hamburg, Ottensen
Tel. 390 50 77
Fax 390 09 75
volkmar.preis@landhausdill.com
www.landhausdill.com

ÖFFNUNGSZEITEN
Di – Fr ab 17 Uhr, Sa, So u. Feiertage ab 12 Uhr durchgehend

NAHVERKEHR
S1, S3 Altona, Bus 36 Susettestr. oder Hohenzollernring, Bus 15 Bernadottestr./Fischers Allee

TEAM
Sommelier: Volkmar Preis

SCHWERPUNKTE
Frische deutsche und österreichische Saisonküche, Weinmenüs

ANGEBOT
130 Flaschenweine, 10 offene Weine

EMPFEHLUNGEN

2009 Iphöfer Kronsberg, Silvaner, 24,40 Euro
Klassiker aus Franken, frisch und saftig, feine Mineralität, umgarnt den Gaumen, einfach lecker.

2009 Limburg Grauer Burgunder Kabinett, trocken, Baden, 27,50 Euro
Die Aromen des Grauburgunders der Winzergenossenschaft Sasbach am Kaiserstuhl erinnern an gelbe Äpfel, Honigmelone und Grapefruit.

2006 SM-Rotwein, trocken, Cuvée von Lemberger und Dornfelder, Grantschen Weine e. G., Württemberg, 36,50 Euro.
Im Bordeauxstil ausgebaut, eleganter Körper, lange am Gaumen schmeckend.

LE CIEL RESTAURANT ET BAR

Der Blick ist einfach atemraubend – und hier ist es kein Klischee. Schon der rasante Aufstieg mit dem gläsernen Fahrstuhl ist spektakulär. Und in der neunten Etage des Hotels „Royal Méridien" präsentiert die komplett verglaste Wand des „Le Ciel" (franz. = Himmel) ein fantastisches Panoramagemälde der Hansestadt mit der Außenalster zu Füßen. Die ausgezeichnete Küche orientiert sich an französischer Kochkunst, bringt aber auch Matjes und Seezungen aus der Nordsee in Vollendung auf die Teller. Bei den Weinen dominieren die französischen Gewächse, mit schönen Ausnahmen, wie dem Weißen Burgunder oder einem exzellenten roten Frühburgunder von Paul Fürst aus Franken. Insgesamt 18 Weine können die Gäste auch glasweise genießen, hier oder in der Bar gleich neben dem Restaurant. Dort gibt es zu Cocktails und Weinen kleine Snacks, Flammkuchen oder Mini-Currywurst mit Kartoffelspiralen. Und hier wäre auch der ideale Ort, einen Abend mit einem Glas Wein und der Aussicht auf das nächtliche Hamburg ausklingen zu lassen.

ADRESSE
An der Alster 52–56
20099 Hamburg, St. Georg
Tel. 21 00 10 70
Fax 21 00 11 11
info.LRMhamburg@lemeridien.com
www.leciel.de

ÖFFNUNGSZEITEN
Mo–So 6.30–10.30 Uhr,
12–14.30 Uhr, 18–23 Uhr

NAHVERKEHR
U/S Hauptbahnhof, Bus 6 Gurlittstr.

TEAM
Chefkoch: Marco Grützner
Sommelier: Markus Alegre Galau

SCHWERPUNKT
Internationale Küche mit französischem Touch

ANGEBOT
185 Flaschenweine, 18 offene Weine

EMPFEHLUNGEN

2007 Conde de Valdemar, Rioja Blanco D.O., Bodegas Martinez Bujanda, Viura-Traube, Spanien, 36 Euro
Goldgelbe Farbe, komplexe Aromen, vollmundig, lang anhaltend.

2008 Spätburgunder „Blauschiefer“ QbA, Weingut Meyer-Näkel, Ahr, Deutschland, 63 Euro
Mineralische Note, 12-monatiges Barrique (Zweitbelegung), intensive Frucht (Brombeer, Blaubeer, Schattenmorellen, dezente Röstaromen und Lakritze).

2004 Solaia IGT Tenuta Tignanello Antinori, Cabernet Sauvignon & Sangiovese, Toskana, Italien, 215 Euro
Mächtige Konzentration, massive Struktur, sehr kraftvoll, trotzdem mit Eleganz und Balance, Aromen von Tabak, Cassis, Schokolade und Menthol, warmes lang haltendes Finish.

RESTAURANT MARSEILLE

50 Jahre Städtepartnerschaft mit Marseille wurden gerade gefeiert, und so war es für Südfrankreich-Liebhaber Milenko Gavrilovic klar, dass er im März 2008 sein neu eröffnetes Restaurant „Marseille" nannte. „Hier an der Großen Elbstraße erinnert es auch sehr an den Vieux Port, den alten Hafen dort am Mittelmeer", meint der aus Serbien stammende Gastronom. Leichte mediterrane Küche bietet er an, etwa Stockfisch und Schweinebäckchen auf Rotem Mangoldsalat und Granatapfel oder Jakobsmuscheln und Limande mit zweierlei Artischocken und Tomatensalsa. Seine Spezialität ist Bouillabaisse – alternativ „à la Marseille" und „à la Altona". So haben Genießer einen Grund, mindestens ein zweites Mal zu kommen. Alle Gerichte gibt's in zwei Varianten: für den kleinen und den großen Hunger. Die Weine sind auf das Speisenangebot abgestimmt. Drinnen haben fast 50 Leute Platz, doch im Sommer kann man auch von der Terrasse das muntere Treiben auf der Elbmeile genießen. Besonders originell die Weinkarte: Die offenen Weine sind auf einer Banderole rund um eine Magnumflasche abgedruckt.

ADRESSE

Große Elbstraße 164
22767 Hamburg, Altona
Tel. 41 30 72 21
mail@restaurant-marseille.de
www.restaurant-marseille.de

ÖFFNUNGSZEITEN

Mo – Sa 12 – 24 Uhr

NAHVERKEHR

S1, S3 Königstraße, Hafenfähre 62 Altona Fischmarkt

TEAM

Inhaber: Milenko Gavrilovic, Michael Schlie
Chefkoch: Adam Schmidhuber
Sommelière: Wibke Ackermann

SCHWERPUNKTE

Weine aus biodynamischem und ökologischem Anbau

ANGEBOT

13 Flaschenweine,
40 offene Weine

EMPFEHLUNGEN

2007 L'Éolienne, Mas d'Espanet, Vin de Pays d'Oc, 28 Euro
Grenache Blanc, Sauvignon Blanc, Viognier, exotische Frucht, Finesse und Kräuternoten, die perfekt zur Bouillabaisse passen.

2007 Pouilly Loché Reserve, Laurent Tripoz, Macon Loché, 34 Euro
Chardonnay, harmonisch, gute Balance, eignet sich gut zu hellem Fleisch und gebratenem Fisch.

2006 Jadis, Didier Barnal, Faugères, 47 Euro
Carignan, Grenache. Komplex, kraftvoll, würzig, Tabak, saftige Tannine, passt gut zu Wild.

MESS

Kaum zu glauben, aber seit 15 Jahren ist Tobias Strauch nun schon im Karolinenviertel in Sachen Wein aktiv. Mit eigenem Weinhandel und dann mit einem Restaurant. Die kleinen, verwinkelten Räume fassen rund 40 Gäste, bei gutem Wetter haben noch knapp 20 auf der Hinterhofterrasse Platz. Und als Geheimtipp gibt es noch einen großen Tisch in einem Clubraum, der nur über die Küche und einen eigenen Eingang zugänglich ist. Ronald Saathoff kocht mit überzeugendem Aromenspiel, meist mediterran, zuweilen mit asiatischen Nuancen. Einige Klassiker, wie das Wiener Schnitzel, lassen sich wegen des hartnäckigen Widerstands der Gäste dennoch nicht von der Karte vertreiben. Für Tobias Strauch ist das kein Problem. Er kann für jedes Gericht die passenden Weine präsentieren. Der eigene Weinhandel (siehe 76) macht es möglich und verhilft dem „Mess“ zu einer geradezu gigantischen Weinkarte mit 400 Positionen. Die gute Nachricht: Um Gäste besser zu bedienen, die nur auf ein Glas Wein hereinschauen wollen, ist ein zusätzliches Weinbistro in der mittelfristigen Planung.

ADRESSE

Turnerstraße 9
20357 Hamburg, St. Pauli
Tel. 43 41 23
Fax 43 25 01 53
reservierung@mess.de
www.mess.de

ÖFFNUNGSZEITEN

Mo – Fr 12 – 15 Uhr, Mo – Sa 18 – 24 Uhr

NAHVERKEHR

U3 Feldstraße, U2 Messehallen, Bus 3 Feldstraße

TEAM

Inhaber & Sommelier:
Tobias Strauch
Chefkoch: Ronald Saathoff

SCHWERPUNKTE

Großes Weinangebot mit 400 Positionen, euroasiatische Noten in der Küche

ANGEBOT

400 Flaschenweine,
offene Weine wechselnd

EMPFEHLUNGEN

2009 Grüner Veltliner Traisental DAC, Weingut Herzinger, Österreich, Flasche 24 Euro
Typisch pfeffrig-würzig in der Nase, feine Birnen- und Pfirsichnoten im Abgang.

2008 OM Oliver Moragues, Bodega Binicomprat, Mallorca, Spanien 32 Euro
Cuvée aus drei autochthonen mallorquinischen Rebsorten mit Syrah und Merlot. Kräftige Noten von dunklen Früchten, harmonischer Barriqueausbau, langer, kräftiger Abgang.

2006 Hermannshöhle Riesling, großes Gewächs, Weingut Dönnhoff, Nahe, 61 Euro
Sehr komplex, kräftig strukturiert, Aromen von Aprikose, exotischen Früchten bis zu frischem Gras, dabei mineralischer langer Abgang.

PICCOLO PARADISO

„Gesund und schmeckt auch noch gut.“ So könnte man im „kleinen Paradies“ die Produkte aus Küche und Keller zusammenfassen. Hier ist alles bio, zu 100 Prozent, wie auch ein Zertifikat der „Öko-Kontrollstelle“ belegt. Inhaber Peter Kühn und Küchenchefin Martina Neumann gehen noch einen Schritt weiter und kochen überwiegend vegetarisch, ohne Fleisch oder Fisch. Fade kommt dennoch kein einziger der Gabelbissen daher, die Mezze, Antipasti oder Tapas sind gut gewürzt: orientalische Möhren mit Zimt, marinierte Champignons mit Limette, Chili und Petersilie oder Fenchel mit Feigen und Sahne. Auch die Weine stammen aus ökologischem Weinbau, sind schwefelärmer als andere. Für Veganer und Allergiker werden auf Wunsch milcheiweiß- oder glutenfreie Zutaten verwendet oder schwefelfreier Wein serviert. Die Bioweine stammen aus Deutschland und dem westlichen Mittelmeer, imposante 50 von ihnen werden in dem kleinen, verwinkelten und mediterran dekorierten Lokal auch glasweise ausgeschenkt.

ADRESSE

Brüderstraße 27
20355 Hamburg, Neustadt
Tel. 35 71 53 58
Fax 79 30 78 99
info@piccolo-paradiso.de
www.piccolo-paradiso.de

ÖFFNUNGSZEITEN

Mo – Sa 18 – 22.30 Uhr,
Di – Fr 12 – 15 Uhr

NAHVERKEHR

S1,S3 Stadthausbrücke, U3 Rödingsmarkt, Bus 37 Michaeliskirche, Bus 112 Handwerkskammer, Bus 3, 35 Axel-Springer-Platz

TEAM

Inhaber & Sommelier: Peter Kühn
Chefköchin: Martina Neumann

SCHWERPUNKTE

Bioweine, Biospeisen

ANGEBOT

20 Flaschenweine, 50 offene Weine

EMPFEHLUNGEN

2008, Les Temps de Gitanes, Frères Julien, rot, Languedoc, Frankreich, Glas 0,2 l / 5 Euro
Trockener Wein von der Carignan-Traube. Im Duft pfeffrig mit Anklängen von Kaffee und Kakao. Weich am Gaumen mit leichter Süße. Bestens für laue Sommerabende, auch leicht gekühlt zu genießen.

2008, Sauvignon Blanc, DOC, trocken, Azienda Musaragno, Veneto, Italien, Glas 0,2 l / 7 Euro
Intensiver, kräftiger Duft nach frischer Minze und Kamille, zu dem sich fruchtige Stachelbeeren gesellen. Knackig im Nachhall.

2008, Riesling Doosberg, Erstes Gewächs!, Weingut Peter Jakob Kühn, Flasche 68 Euro
Ein trockener, wahrhaft großer Wein. Perfekte Balance von ursprünglicher Kraft mit Eleganz und Finesse. Viele Aromen, Kräuter- und Blütennoten sowie salzig-mineralische Würze.

PIUS WEINWIRTSCHAFT

Passionierte Sylt-Liebhaber kennen Pius Regli und sein „Manne Pahl“ in Kampen. Und wer schon in Keitum war, ist vielleicht auch in seine gemütlich-moderne Weinwirtschaft am Kliff eingekehrt. Das Sylter Erfolgsrezept hat Schule gemacht, im Hamburg sogar zweimal, in Pöseldorf und in Eppendorf. Die Weinbars ähneln sich, mit ochsenblutrot getünchten Wände, dunklen Tische und Barhockern, ein dezenter Musikmix im Hintergrund. Die Weinkarte ist 130 Positionen lang, die doppelte Anzahl lagert im Keller, 40 wechselnde Weine werden glasweise ausgeschenkt, auch als „Dezi“. Das Pius-Konzept gründet auf entspannter Atmosphäre und unkompliziertem Weingenuss. Dazu gehört auch ein begehbarer Klimaschrank, in dem man auf die Pirsch nach seinem Lieblingswein gehen kann. Kunden können probieren, für gut befundene Weine zum Ladenpreis erstehen und mit nach Hause nehmen. Aus der Küche kommen kleine Speisen zum Wein: Elsässer Flammkuchen, Käse-, Salami- und Schinkenspezialitäten. Wer zu seinem Spätburgunder lieber etwas Süßes knabbern möchte, kann unter verschiedenen belgischen Edelschokoladen auswählen.

ADRESSE

Milchstraße 25
20148 Hamburg, Rotherbaum
Tel. 28 09 67 92
Fax 28 09 67 91
poeseldorf@pius-weine.de
www.pius-weine.de

ÖFFNUNGSZEITEN

Mo – Sa 17 – 01 Uhr

NAHVERKEHR

U1 Hallerstraße, Bus 15, 109 Alsterchaussee, Alsterdampfer Anleger: Fährdamm

TEAM

Inhaber: Pius Regli
Chefkoch: Jens Willemer
Sommelier: Markus Tahedl

SCHWERPUNKTE

Weißwein: Deutschland, Österreich, Frankreich; Rotwein: Italien, Frankreich, Spanien. Filiale in der Hegestraße in Eppendorf.

ANGEBOT

300 Flaschenweine, 40 offene Weine

EMPFEHLUNGEN

2009 Grüner Veltliner, Weingut Dürnberg, Weinviertel, Österreich. Glas 0,1 l / 2,40 Euro, Flasche 16 Euro
Leicht mit der charakteristischen Frische und Frucht, trocken. Herkunftscharakter in Reinkultur!

2009 Rotschiefer Riesling, Weingut St. Antony, Rheinhessen, Deutschland, Glas 0,1 l / 3,90 Euro, Flasche 26 Euro
Enorme Mineralität, frische, wunderbare Obstnoten, trocken. Aus der Fraktion: Noch ein Glas, bitte!

2003 Spiga, Weingut O. Fournier, Tempranillo, Ribera del Duero, Spanien, Glas 0,1 l / 6,90 Euro, Flasche 59 Euro
Konzentriert, Aromen von Tabak, Pflaumen und Schokolade, trocken. Ein Schatz Spaniens!

POLETTO WINEBAR

Lange konnte an der markanten Straßenkreuzung im Niemandsland zwischen Eppendorf und Hoheluft keiner so recht Fuß fassen und plötzlich, mit der „Poletto Winebar“, gehört die windige Ecke zu den Hotspots nicht nur für Freunde eines guten Glases Weins. Luigi Francia und Remigio Poletto hatten sich als Miteigentümer des „Goldfisch“ und als Geschäftsführer des Sternerestaurants „Poletto“ in Hamburg schon einen Ruf erworben. Zusammen bilden sie offenbar eine Mischung, die zum Erfolg verdammt ist. Schon mittags kann es schwierig werden, einen der schicken 80 Plätze im Inneren zu ergattern, und die große Terrasse, auf der noch einmal so viel Gäste Platz finden, ist bei gutem Wetter der Renner. Wen wundert's, dass bei diesen Inhabern italienische Weine bei den roten auf der Karte ganz oben stehen, dazu kommen mehrere Gewächse aus Frankreich und einiges Deutschland. Bei den weißen dominieren deutsche Weine, aber auch Italiener und Franzosen kommen nicht zu kurz. Die Küche bietet eine kleine Auswahl an frisch zubereiteten Gerichten und feine Antipasti, nicht günstig, aber von bester Qualität. Und natürlich schmeckt selbst die Pizza hier deutlich besser als beim Nobody um die Ecke.

ADRESSE
Eppendorfer Weg 287
20251 Hamburg, Eppendorf
Tel. 38 64 47 00
Fax 38 64 46 99
winebar@poletto.de
www.poletto.de

ÖFFNUNGSZEITEN
tgl. 12–24 Uhr

NAHVERKEHR
U3 Eppendorfer Baum,
Bus 114 Eppendorfer Baum

TEAM
Chefkoch: Stephan Schranz
Sommelier: Luigi Francia & Remigio Poletto

SCHWERPUNKT
Italien

ANGEBOT
315 Flaschenweine, 20 offene Weine

EMPFEHLUNGEN

2006 Barbera d'Asti, Camp du Rouss, Piemont, Italien, 34,50 Euro
Klares Rubin, Sauerkirschen und reife Zwetschgen in der Nase, hervorragendes Frucht-Säure-Spiel, lang anhaltend.

2008 Sancerre MD, Henri Bourgeois, Frankreich, 45 Euro
Aus alten Trauben und im Holzfass ausgebaut, dicht und kompakt mit tiefer Mineralik.

2008 Riesling Dellchen GG, Weingut Dönnhoff, Nahe, 88,50 Euro
Fruchtig, pikant und verspielt. Überzeugt durch Eleganz und subtiles Aromenspiel.

RESTAURANTE PORTOMARIN

Galicien ist nicht die Costa Brava, hier hält sich der internationale Touristenstrom in Grenzen. Doch seit Hape Kerkeling „mal weg" war, ist Santiago de Compostela, die Hauptstadt der Provinz im Nordwesten Spaniens, für viele Deutsche ein Begriff. Aus Portomarin in Galicien stammt Jesús A. Diaz Sindìn, der seiner Heimat mit dem gleichnamigen Lokal in Winterhude ein Denkmal setzte und sich zugleich einen Traum von einem eigenen Restaurant verwirklichte. Aus der regenreichen Provinz stammen auch einige der besten Weißweine des Landes und einige Rote, die aus der Mencía-Traube hergestellt und oft gekühlt getrunken werden. Jesús hat sie neben vielen anderen aus praktisch allen Anbaugebieten Spaniens im Programm, dazu mehr als 50 spanische Brandys und eine beeindruckende Auswahl an Sherry. Bis zu 60 Weine werden auch glasweise ausgeschenkt. Der Patron: „Wir öffnen Flaschen bis zu einem Preis von 40 Euro." Kulinarisch ist kreative Küche aus Spanien angesagt, dabei setzt der (deutsche!) Koch Lutz Hein auch regionale Akzente.

ADRESSE

Dorotheenstraße 180
22299 Hamburg, Winterhude
Tel. 46 96 15 47
Fax 28 80 06 96
info@portomarin.de
www.portomarin.de

ÖFFNUNGSZEITEN

Di–Sa 18–22.30 Uhr

NAHVERKEHR

U3 Sierichstraße,
Bus 25 Sierichstraße

TEAM

Inhaber & Sommelier:
Jesús A. Diaz Sindìn
Chefkoch: Lutz Hein

SCHWERPUNKTE

Spanische Weine und regionale spanische Küche

ANGEBOT

240 Flaschenweine,
60 offene Weine

EMPFEHLUNGEN

2006, Montesc, Bodegas Maetierra Dominum, Tempranillo, Graciano, Granacha Tinta, D.O. La Rioja, 22 Euro
4–6 Monate im Barrique gereift, saubere und elegante Nase, komplexe Aromen von roten Früchten, weich und rund am Gaumen, trocken.

2005, De Bardos „Ars Suprema“, Bodegas De Bardos, 100 % Tempranillo, D.O. Ribera del Duero, 49 Euro
18 Monate in neuer französischer Eiche, schwarz-rote Farbe, toastig, schwarze Beeren, cremig, perfekte Tannine, langes Finale.

2006, Valtuille, Bodegas y Viñedos Castro Ventosa, 100 % Mencia, D.O. Bierzo, 90 Euro
Flaggschiffwein dieser Bodega, aus 100 Jahre alten Reben der kostbaren autochthonen Rebsorte Mencía, lang, dichte Struktur, konzentriert, mineralisch, Gewürze und schwarze Kirsche, 16 Monate in französischer Eiche ausgebaut, grandioser Nachhall.

Nur 25 Gäste finden in dem kleinen, intimen Restaurant des Hotels „Abtei“ Platz, eine geradezu private Atmosphäre. Dafür ist der Weinkeller mit rund 150 Positionen vergleichsweise opulent bestückt, und die Küche mit Chefkoch Jochen Kempf gehört zu den besten der Stadt. Ganz selbstverständlich werden hier täglich frische Produkte serviert, Brot, Brioches, Croissants, selbst die Butter wird im Hause zubereitet. Doch es geht auch kunstvoller: mit Wachtelcrêpinette und Gänseleber-Praline, Roten Beten und Apfel-Sellerie-Salat als Vorspeise oder Perlhuhnbrust in Portweinjus mit Radicchio-Risotto und Pancetta als Hauptgericht. Die Weinkarte dominieren französische Gewächse mit einer interessanten Auswahl von Bordeaux-Weinen, die von einem 2006 Les Hauts de Smith vom Château Smith Haut Lafitte für 75 Euro bis zum 2005 Premier Cru Classé, vom Château Mouton Rothschild für 1280 Euro reicht. Aus Deutschland sind das fränkische Traditionsweingut Rudolf Fürst, Rieslinge des Gutes Reichsgraf von Kesselstatt und Burgunder vom Weinkünstler Karl Heinz Johner aus Bischoffingen am Kaiserstuhl vertreten.

ADRESSE
Abteistraße 14
20149 Hamburg, Harvestehude
Tel. 44 95 95
Fax 44 98 20
info@abtei-hotel.de
www.abtei-hotel.de

ÖFFNUNGSZEITEN
Di – Sa ab 16 Uhr

NAHVERKEHR
U1 Klosterstern, Bus 109
Alsterchaussee, Alsterdampfer
Anleger Streekbrücke

TEAM
Inhaber: Fritz Lay
Chefkoch: Jochen Kempf
Sommelière: Andrea Seyfried

SCHWERPUNKTE
Französische, italienische und regionale schleswig-holsteinische Küche und dazu korrespondierende Weine

ANGEBOT
150 Flaschenweine, 10 offene Weine

EMPFEHLUNGEN

2008 Grauburgunder, K.H. Johner, Kaiserstuhl, 38 Euro
Trocken, fruchtig, regionstypisch, Vulkanboden.

2005 Chardonnay – Newton, Kalifornien, USA, 42 Euro
Einer der Besten (auch als „unfiltered"), fruchtig, ein wenig Holzton.

2001 Beaune Bastion, Domaine Chanson, 88 Euro
Hervorragender roter Burgunder, viel Frucht, leicht pfeffrig, ein perfekter Klassiker.

RISTORANTE PICCOBELLO

Gut, wenn zwei Brüder ein Restaurant betreiben und beide kochen können. Dann bleibt das Lokal geöffnet, auch wenn einer im Urlaub ist. Ohnehin kann das „Piccobello" seit vielen Jahren auf eine treue Fangemeinde zählen, die das italienische Familienlokal als ihr externes Wohnzimmer ansieht. Die Speisekarte ist seit Langem kaum verändert, aber wenn Francesco mit den Worten „und dann haben wir noch extra ..." an den Tisch kommt, mag er bei der Aufzählung der frisch zubereiteten Köstlichkeiten aus vielen italienischen Provinzen kaum noch aufhören. Die Pasta ist, ebenso wie das Brot, jeden Tag frisch hausgemacht. Die offenen Weine wechseln, sie stammen ebenso wie die Flaschenweine natürlich aus Italien, der Toskana und anderen Weinregionen. Wer Francesco fragt, bekommt den richtigen Weintipp, oft auch einen, der frei nach dem Motto „Wir haben da noch ..." nicht auf der Karte steht.

ADRESSE
Schenkendorfstraße 30
22085 Hamburg, Uhlenhorst
Tel. 22 25 36
ristpiccobello@aol.com
www.ristorante-piccobello.com

ÖFFNUNGSZEITEN
Tgl. 18–20 Uhr

NAHVERKEHR
U3 Mundsburg,
Bus 25 Hebbelstraße

TEAM
Inhaber: Francesco Pinsone
Chefkoch: Cesare Pinsone
Sommelier: Francesco Pinsone

SCHWERPUNKTE
Italienische Weine,
italienische Küche

ANGEBOT
20 Flaschenweine, 6 offene Weine

EMPFEHLUNGEN

2009 Regaleali Bianco IGT, Sicilia, Tasca d'Almerita, 18,50 Euro
Fruchtig-mild und trocken. Passt gut zu Fisch oder zu Nudelgerichten.

2006 Nobile Montepulciano DOCG, Alto di Bruca, Toscana, 25,50 Euro
Kräftiger, vollmundiger Rotwein aus der Sangiovese-Traube. Herrliches Bouquet. Perfekt zu rotem Fleisch.

2004 Brunello di Montalcino, Alto di Bruca, Sangiovese grosso, Toscana, 42,50 Euro
Vollfruchtiger und kräftiger Rotwein. Aromatisch, mild und saftig im Geschmack.

RESTAURANT NIL

Dass ein spanischer Rotwein auf der Karte den schönen Namen Sancti Pauli trägt, kann natürlich kein Zufall sein. Schließlich liegt das Restaurant mit dem netten Sommergarten im Hinterhof im Herzen des gleichnamigen Stadtteils, fast gleich weit von Fußballstation und dem Kiez. Wer nun vermutet, dass hinter den Glastüren ägyptische Küche serviert wird, irrt gewaltig. Deutsche Weine, wie die guten Tropfen von Heger aus dem Badischen, gehören neben Weinen aus Auxerrois, Viognier oder anderen hierzulande weniger bekannten Trauben zu den Schwerpunkten des Weinangebots. Aus der Küche kommt überwiegend Norddeutsches: „Brust und Keule von der Stoppelgans" oder „gebratenes Knurrhahnfilet mit Muscheln und Limonen", natürlich mit einigen Zutaten und Anleihen vom Mittelmeer und ferneren Regionen. Fleisch, Gemüse, Eier, Kräuter und Salate stammen von kleinen Betrieben aus Schleswig-Holstein, Niedersachsen oder Mecklenburg. Kaum zu glauben, dass in dem über verschiedene Ebenen angelegten Restaurant früher ein Schuhgeschäft residierte.

ADRESSE
Neuer Pferdemarkt 5
20359 Hamburg, St. Pauli
Tel. 439 78 23
Fax 43 33 71
essen@restaurant-nil.de
www.restaurant-nil.de

ÖFFNUNGSZEITEN
Mi–Mo ab 18 Uhr, Di Ruhetag,
außer im Dezember

NAHVERKEHR
U3 Feldstraße, Bus 3 Neuer Pferdemarkt

TEAM
Inhaber: Elisabeth Füngers,
Steffen Hellmann
Chefkoch: Matthias Schulz
Sommelière: Elisabeth Füngers

SCHWERPUNKTE
Deutsche Weine, regionale Küche mit weltweiten Inspirationen

ANGEBOT
167 Flaschenweine, 13 offene Weine

EMPFEHLUNGEN

2005 Bodegas Sancti Pauli, Tempranillo, Valdepeñas, 24 Euro
Satter, weicher, samtiger Wein, mit rubinroter Farbe. Früher ausschließlich als Messwein genutzt, ist der Sancti Pauli heute für jedermann zu bekommen.

2007 Grauburgunder Jägerberg, Hannes Sabathi, Südsteiermark, Österreich, 34 Euro
Sabathis weiße Antwort auf einen Rotwein: cremig, dicht, stoffig, ein „Maul voll Wein".

2007 SJ Grauer Burgunder, Karl-Heinz Johner, Baden, 61 Euro
Vom Garagenwinzer zur Weinkoryphäe. Johner schafft es wie kaum einer, die Typizität von Baden in die Flasche zu bannen. Vielschichtiger, eleganter Grauer Burgunder mit feinen Barriquenoten.

RESTAURANT PARLAMENT

Früher hieß das „Parlament“ Ratsweinkeller, man trank Ratsherrnpils zu Fisbein und Sauerkraut. Bier wird hier noch immer getrunken, aber heute stehen allein 20 Rieslinge auf der 80 Positionen langen Weinkarte. Befreit vom Staub eines ganzen Jahrhunderts präsentieren sich die imposanten Räume mit meterhohen Säulen, einem strahlend erleuchteten Deckengewölbe und einer zwölf Meter langen Bar. Die Küche bevorzugt kräftige Aromen: Hamburger Pannfisch, Sauerbraten, Cordon Bleu oder Flammkuchen. Kräftige Esser können sogar ein 500-Gramm-Porterhouse-Steak ordern. Sommelier Christoph Friedrich kann zu allen Gerichte die passenden Weine empfehlen, die wie die Rezepte zu den Speisen ebenfalls überwiegend aus Deutschland stammen. Auch mehrere Spitzenweine werden glasweise angeboten. Übrigens: Der historische Ratsweinkeller, halb Museum zur Geschichte des Rathauses mit dem Originalgrundstein, halb Veranstaltungsraum für über 300 Personen, gehört noch immer zum Ensemble der Räumlichkeiten unter dem Hamburger Rathaus.

ADRESSE

Rathausmarkt 1
20095 Hamburg, Altstadt
Tel. 70 38 33 99
Fax 70 38 33 98
restaurant@parlament-hamburg.de
www.parlament-hamburg.de

ÖFFNUNGSZEITEN

Mo–Fr 11.30–23 Uhr,
Sa ab 12–23 Uhr,
So nur in Wintermonaten

NAHVERKEHR

U3 Rathausmarkt,
U1, S1, S3 Jungfernstieg

TEAM

Inhaber: Peter Köpke
Chefkoch: Dominik Jungermann
Sommelier: Christoph Friedrich

SCHWERPUNKT

Deutschland

ANGEBOT

80 Flaschenweine, 13 offene Weine

EMPFEHLUNGEN

2009 Weißburgunder QbA, trocken, Weingut Arne Bercher, Kaiserstuhl, Baden, 24,90 Euro
Unkompliziert, cremig, dezente Kräuternote, lecker!

2008 Riesling „vom grauen Schiefer", trocken, Weingut Clemens Busch, Mosel, 34,90 Euro
Frisches Steinobst, hoch mineralisch, würzig, trinken!

2008 Forster Ungeheuer, Riesling GG, Weingut Reichsrat von Buhl, Deidesheim, Pfalz, 48,90 Euro
Seit Bismarck und Goethe eine der bekanntesten Lagen Deutschlands. Unheimliche Würze, gelbe Beerenfrüchte. Mineralität pur!

Pariser Flair auf der Uhlenhorst. Doch der schöne Eindruck trügt. Das „Rexrodt" ist nicht auf magische Weise vom Pariser Boulevard Saint-Michel nach Hamburg entschwunden. In den schönen Jugendstilräumen von 1896 war lange Jahre ein Schlachterbetrieb zu Hause. Erst zu Beginn der 1980er Jahre erkannte Peter Tuschmann, der inzwischen in Namibia eine Lodge betreibt, das Potenzial dieser ungewöhnlichen Location, in der die original grün-weißen Kacheln, die Putten und die gläserne Jugendstildecke schon ganz ohne Speis' und Trank einen Besuch rechtfertigten. Ach ja, hervorragende Weine und eine kreative Küche gibt es natürlich auch noch. Die erfreut die Gäste mit Leckereien wie knusprig gebackene und mit Ricotta-Creme gefüllte Zucchiniblüten auf Basilikum-Scampi. Die Sommelière des Rexrodt, Iwona Bloch, hat eine überschaubare Weinkarte mit vielen deutschen und französischen Tropfen zusammengestellt, die bestens mit den Gerichten der Speisekarte harmonieren. Und beim dreigängigen Mittagsmenü für 17 Euro ist sogar ein Glas Wein dabei.

ADRESSE
Papenhuder Straße 35
22087 Hamburg, Uhlenhorst
Tel. 229 71 98
Fax 22 71 51 89
info@restaurant-rexrodt.de
www.restaurant-rexrodt.de

ÖFFNUNGSZEITEN
Mo – Fr 12 – 15 Uhr &
18.30 – 23.30 Uhr

NAHVERKEHR
U3 Uhlandstraße, Bus 6, 172, 173
Mundsburger Damm

TEAM
Inhaber & Chefkoch:
Niels-Ove Nielsen
Sommelière: Iwona Bloch

SCHWERPUNKTE
Deutsche Weine, saisonale Küche mit mediterranen Einflüssen

ANGEBOT
55 Flaschenweine, 6 offene Weine

EMPFEHLUNGEN

2009 Grauburgunder Kabinett, Oberrotweiler Eichberg, Freiherr von Gleichenstein, 25 Euro
Zartwürziger Wein mit mineralischen Aromen und Säuren, voll und würzig im Geschmack.

2005 Spätburgunder Kalkmergelweg, Weingut Knipser, Johannishof, 52 Euro
Ein schöner Wein von tiefroter Farbe, mit Aromen von Beeren und einem nachhaltigen ausgeglichenen Geschmack.

2000 Les Fiefs de Lagrange, St. Julien, Médoc, Bordeaux, 75 Euro
Ein Wein aus den jüngeren Reben des berühmten Troisième Cru aus St. Julien im Médoc. Volle, rubinrote Farbe, duftige Fruchtaromen und intensives beeriges Aroma.

WEINRESTAURANT SCHOPPENHAUER

Wuchtige Eichenbohlen stützen die Decke des gemütlichen Gastraumes. Viele historische Fachwerkgebäude aus dem 17. Jahrhundert gibt es in Hamburg nicht mehr. So würde schon das urige Ambiente des in einem Lagerhaus von 1633 vis-a-vis der Speicherstadt untergebrachten Weinrestaurants „Schoppenhauer" allein einen Besuch lohnen. Kräftig-deftig sind auch viele Gerichte des Küchenchefs Armin Stach: Kartoffelpuffer mit Saftschinken und geschmolzenem Käse zum Beispiel, hausgemachtes Sauerfleisch mit Bratkartoffeln und, das darf in der norddeutschen Küche als Dessert nicht fehlen, hausgemachte Rote Grütze mit Sahne. Patronin Helga Koch hat Erfahrung mit den korrespondierenden Weinen. Ihre Favoriten stammen überwiegend aus deutschen Anbaugebieten. Rivaner sind dabei, als Rosé ein Spätburgunder Weißherbst aus dem badischen Merdingen, aber es gibt auch kräftige Chianti und Bordeauxweine. Im Sommer konkurrieren die Plätze im Gemäuer mit denen auf der großen, baumbestandenen Terrasse, einem netten Platz für einen Schoppen Wein.

ADRESSE

Reimerstwiete 20–21
20457 Hamburg, Altstadt
Tel. 37 15 10
Fax 880 09 12
info@weinrestaurant-schoppenhauer.de
www.weinrestaurant-schoppenhauer.de

ÖFFNUNGSZEITEN

Mo–Fr 12–23 Uhr, Sa 18–23 Uhr

NAHVERKEHR

U1 Messberg, U3 Rödingsmarkt,
S1, S3 Stadthausbrücke

TEAM

Inhaberin & Sommelière: Helga Koch
Chefkoch: Armin Stach

SCHWERPUNKTE

Deutsche Weine,
regionale deutsche Küche.

ANGEBOT

40 Flaschenweine, 30 offene Weine

EMPFEHLUNGEN

2009 Grauburgunder QbA, Weingut Steitz, Rheinhessen, Glas 0,2 l / 4,90 Euro, Flasche 23,50 Euro
Trocken, frisch, feine Mandelnote.

2008 Michelbacher Lindelberg QbA, Weingut Hohenlohe, Württemberg, Glas 0,2 l / 5,50 Euro, Flasche 26,50 Euro
Trollinger, Lemberger mit rassiger Säure und Note von reifen Brombeeren.

2008 Sauvignon Blanc, Weingut Gaul, Rheinpfalz, Flasche 25,50 Euro
Feine, erfrischende Säure mit leicht mineralischer Note. Passend zu Fischgerichten, Krustentieren und sommerlichen Salaten.

SEVEN SEAS

Spitzengenuss in Hamburg, nicht nur was die exponierte Lage auf dem Blankeneser Süllberg und den fantastischen Blick auf die Elbe betrifft. Sternekoch Karlheinz Hauser regiert seit 2003 das Ensemble von Gourmetrestaurant, Bistro, Bars, Terrassen und Hotel und kreiert Kunstwerke wie norwegische Jakobsmuscheln auf Karotten-Koriander-Püree mit Emulsion von Zitrusfrüchten als leichte Vorspeise oder Hauptgerichte wie Rehrücken im Kräuter-Bergpfeffer-Mantel mit Essigkirschen, zweierlei Wacholdersaucen und Sellerietaschen. Die fulminante internationale Weinkarte umfasst über 500 Positionen, darunter auch die großen gereiften Bordeauxweine. Schwerpunkt bei den Rotweinen, sowohl beim Angebot als auch in der Jahrgangstiefe, ist Frankreich, gefolgt von Italien. Bei den Weißen sind die deutschen Weine bestens vertreten. Weinberatung und Service sind kompetent, aufmerksam und zuvorkommend und stehen dem Speisenangebot nicht nach. Das Bistro „Süllbergterrassen" serviert 100 Weine, auch viele halbe Flaschen und 60 verschiedene Wässer aus aller Welt.

ADRESSE
Süllbergsterrasse 12
22587 Hamburg, Blankenese
Tel. 866 25 20
Fax 86 62 52 12
info@suellberg-hamburg.de
www.suellberg-hamburg.de

ÖFFNUNGSZEITEN
Mi–So 18.30–23 Uhr
So 11.30–15 Uhr

NAHVERKEHR
Bus 48 Kahlkamp

TEAM
Inhaber & Chefkoch:
Karlheinz Hauser
Sommelier: Olaf Paulat

SCHWERPUNKTE
Französische Küche mit den Einflüssen der sieben Weltmeere

ANGEBOT
550 Flaschenweine,
20 offene Weine

EMPFEHLUNGEN

2008 Weingut Franz Künstler, Riesling, Kabinett, trocken, Hochheimer Hölle, Rheingau, Flasche 42 Euro
Außergewöhnliche Kraft und Komplexität, sehr elegant, wunderschöne rassige Säure, Mineralität, Lebendigkeit.

2008 Weingut Schloss Proschwitz, Scheurebe, Kabinett, trocken, Sachsen, 52 Euro
Fantastische Aromatik, Mineralität, feines Säurespiel, mit endlosem Nachhall, einer der besten Scheureben des Jahrgangs.

2008 Weingut Juliusspital, Weißweincuvée BT, Franken, 115 Euro
Außergewöhnliche Cuvée aus Weißweintrauben, sehr komplex, dicht, stoffig, füllig, hochwertigstes Lesegut des Jahres verwendet, vielschichtige komplexe Aromen.

SÜDHANG

Wenn die Sonne in der Schanze hoch am Himmel steht, schickt sie ihre wärmenden Strahlen auf den Südhang. Zumindest auf das Gebäude in der Susannenstraße, in dessen erstem Stock die Fenster von Bar, Restaurant und Vinothek nach Süden gucken. Von den Fensterplätzen hat man den besten Ausblick auf das muntere Straßenleben im Schanzenviertel, wie aus einer Theaterloge. Doch auch der Blick auf den Tisch oder Bartresen lohnt sich. Zumindest wenn die aufmerksame Bedienung eines der Cross-over- oder modernen deutschen Gerichte serviert hat, Loup de Mer mit Ratatouille und spanischen Röstkartoffeln oder mediterranes Kalbsragout an Zucchinischiffchen und hausgemachten Thymianschupfnudeln. Im Glas funkelt vielleicht der Hauswein, eine Cuvee, die aus Merlot, St. Laurent und Dunkelfelder in der Pfalz exklusiv für den Südhang produziert wird. Dank einer Symbiose mit der Weinhandlung Scarpovino (siehe Weinläden 54) im Parterre desselben Gebäudes, die all die guten Tropfen liefert, kann nur selten ein Engpass in der Weinversorgung auftreten.

ADRESSE
Susannenstraße 29
20357 Hamburg, Sternschanze
Tel. 43 09 90 99
info@suedhang-hamburg.de
www.suedhang-hamburg.de

ÖFFNUNGSZEITEN
Mo – Fr ab 12 Uhr, Sa ab 18 Uhr,
So ab 17 Uhr

NAHVERKEHR
S21, S31, U3 Sternschanze

TEAM
Inhaber: Frank Hoffmann
Chefkoch: Dominik Witte

SCHWERPUNKTE
Moderne Küche und „wilde“ Weine

ANGEBOT
30 – 40 Flaschenweine,
15 – 17 offene Weine

EMPFEHLUNGEN

2009 Anarkos Rosso Puglia IGT, Racemi, Apulien, Italien, 16,50 Euro
Weicher, samtiger Wein mit üppigem Fruchtbouquet. Aromen von Pflaumen, Kirschen und Brombeeren vereinen sich mit südländischen Kräutern.

2009 Sauvignon Blanc, Marlborough, Giesen Wines, Neuseeland, 25 Euro
Ein ausgewogener Wein mit Eleganz und Rasse. Ausgeprägter Fruchtcharakter mit Facetten von Papaya und Passionsfrucht.

2006 Amarone Classico, Campagnola, Venetien, Italien, 55 Euro
Wein mit komplexem und rundem Körper. In der Nase Aromen von Kirsche, Bittermandel und Vanille. Der Abgang erinnert an dunkle Schokolade und beerige Frucht.

Der TV-Ruhm des „Restauranttesters“ beflügelt die Popularität seiner Restaurants, im „Tafelhaus“ muss man lange im Voraus bestellen. Dafür können sich die Gäste auf norwegische Eismeerforelle in drei Zubereitungsarten mit Austerntatar, Lauch-Kartoffel-Püree und koreanischen Quantung-Aromen oder andere kulinarische Kreationen freuen. Die eindrucksvolle Weinkarte dokumentiert deutsch-französische Partnerschaft, mit Roten und Weißen aus allen deutschen Anbaugebieten sowie aus den französischen Weinbauregionen Burgund und Bordeaux. In kleinerem Umfang sind natürlich auch Italien und andere Regionen vertreten. Sommelière Heike Stockmann hat eine große Auswahl von halben Flaschen im Programm. Wer gern gut, aber nicht so viel trinkt, wird es ihr danken. Auch die Weinempfehlungen, die es zu den Menüs gibt, helfen das richtige „Pairing“ zu finden. Das fantastische Elbpanorama gibt es mittags und abends gratis dazu, besonders attraktiv, wenn die großen „Pötte“ an der Fensterfront vorbeiziehen.

Leider wird dieser Genuß endlich sein: Im Herbst 2011 schließt das Tafelhaus nach 10 Jahren Spitzenküche.

ADRESSE

Neumühlen 17
22763 Hamburg, Ottensen
Tel. 89 27 60
Fax 899 33 24
anfrage@tafelhaus.de
www.tafelhaus.de

ÖFFNUNGSZEITEN

Di – Fr 12 – 16 Uhr und 19 – 24 Uhr

NAHVERKEHR

Bus 112 Lawaetzhaus

TEAM

Inhaber & Chefkoch:
Christian Rach
Chefkoch: Uwe Meßner
Sommelière: Heike Stockmann

SCHWERPUNKTE

Kreative Gourmetküche, Weinschwerpunkte Deutschland und Frankreich

ANGEBOT

210 Flaschenweine, 12 offene Weine

EMPFEHLUNGEN

2008 Devon S Riesling, Toni Jost, Mittelrhein, Bacharach (OA), 35 Euro
Harmonie von Frucht und Mineralität zeichnet diesen Riesling vom Schieferboden aus. Blumig-duftig im Bouquet.

2009 Bechtheimer Chardonnay, trocken, Weingut Dreissigacker, Rheinhessen, 55 Euro
Sehr reife Quitten, dezente Röstaromen, feine Würzigkeit. Birnenaromen, feine Säure.

2006 Cuvée X, Cabernet Sauvignon, Cabernet Franc & Merlot, Weingut Knipser, Pfalz, 90 Euro
Klassische Bordeaux-Cuvée. Seit 1989 ist Knipser das erste Weingut in Deutschland, das diese Rebsorten kultivieren darf. Ausbau: 18 – 20 Monate, sehr würziges Aroma von Cassis, Tabak, Kaffee und Zeder.

Interessante Weine, gutes Essen und eine kommunikative Atmosphäre sind für sie kein Glücksspiel: Die Macher des „Tarantella" im Gebäude der Spielbank Esplanade haben Erfahrungen im „Landhaus Scherrer", dem „Casse Croute", der „Traube Tonbach" und anderen Topadressen in Hamburg und der Republik gesammelt. Auf der mit 500 Positionen ungewöhnlich umfangreichen Weinkarte dominieren bei den Rotweinen Italiener, Spanier und Franzosen. Bei den Weißen findet man viele renommierte deutsche Winzer. Nahezu einmalig in Hamburg sind zehn Sonderabfüllungen der bekannten Weingüter Heger (Baden), Künstler (Rheingau), Schneider (Pfalz) und Bassermann-Jordan (Pfalz), speziell gekeltert für das „Tarantella" – und allemal eine Probe wert. So liegt das Herz des „Tarantellas" im hauseigenen Weinkeller, in dem sich auch manche Raritäten aus der Sammlung von Mitinhaber Frederic Janhsen finden. Die moderne Bistroküche bietet etliche Leckereien aus dem Meer, wie in Tempura gebackene Tiger-Shrimps mit dreierlei Dips, bringt aber auch Königsberger Klopse mit Kartoffelpürée und Roter Bete leicht und lecker auf den Teller.

ADRESSE

Stephansplatz 10
20354 Hamburg, Neustadt
Tel. 65 06 77 90
Fax 65 06 77 87
info@tarantella.cc
www.tarantella.cc

ÖFFNUNGSZEITEN

So–Mi 11.30–24 Uhr,
Do–Sa 11.30–1 Uhr

NAHVERKEHR

U1 Stephansplatz,
Bus 5, 109, 112 Stephansplatz

TEAM

Inhaber: Claas H. Anklam
Chefkoch: David Witzig
Sommelier: Jens Spreckelmeier

SCHWERPUNKTE

Umfangreiche Weinkarte mit diversen Spezialabfüllungen.
Internationale Bistroküche

ANGEBOT

500 Flaschenweine, 20 offene Weine

EMPFEHLUNGEN

2009 Weingut Künstler, Riesling Herrnberg, Edition Tarantella, Rheingau, 29,90 Euro
Spritzig, trocken, klassischer Rheingauer Riesling mit viel Frucht und Trinkspaß.

2005 Castello di Ama, Sangiovese, Chianti Classico, Toskana, Italien, 49,90 Euro
Kirschig, samtig, weich, gehaltvoll.

2005 Domaine de la Grange de Pères, Syrah Cuvée, Mourvèdre, Syrah, Cabernet, Languedoc, Frankreich, 89,90 Euro
Rotwein mit Eleganz und Finesse. Niedrige Produktionsmenge. Dicht, konzentriert, Cassis, beerig.

TSCHEBULL

An der Decke Edelweiß und Kuhglocken, die Wand ist mit einem 3-D-Panorama der Lechtaler Alpen dekoriert. Hier muss Österreich sein. Und diese ganz moderne Enklave alpenländischer Lebensart ist vor einigen Jahren aus Winterhude („Allegria") an die Mönckebergstraße gezogen. Hier residieren Yvonne und Alexander Tschebull unter eigenem Namen im Levantehaus, mit Restaurant, Beisl, Bar und einer Weinlounge mit einem mehrere Meter langen dekorativen Weinschrank. Aus der Küche des geborenen Kärntners kommen bestens zubereitete Klassiker der österreichischen Küche, Wiener Schnitzel, Tafelspitz oder Kaiserschmarrn, aber auch deren moderne Interpretationen, wie bei der rosa Entenbrust auf Schalotten-Mandel-Creme, dazu Gewürzmarillen mit Lauch & Bergkässchmarrn. Besonders entspannte Stimmung kommt im Beisl auf, der Antwort Österreichs auf das französische Bistro. Stolze 30 offene Weine werden an den halbhohen rustikalen Bistrotischen ausgeschenkt, dazu gibt es „Austrian Tapas". Beliebt vor allem bei „After work"-Partys gestresster Büroangestellter aus Hamburgs City.

ADRESSE
Mönckebergstraße 7
20095 Hamburg, Altstadt
Tel. 32 96 47 96
restaurant@tschebull.de
www.tschebull.de

ÖFFNUNGSZEITEN
Mo – Sa 12 – 01 Uhr

NAHVERKEHR
U/S Hauptbahnhof

TEAM
Inhaber: Alexander Tschebull
Chefkoch: Christoph Otten
Sommelière: Yvonne Tschebull

SCHWERPUNKT
Österreich

ANGEBOT
80 Flaschenweine, 18 offene Weine

EMPFEHLUNGEN

2009 Röschitz Reipersberg, Maurer, Grüner Veltliner, Weinviertel, 24 Euro
Typisch Veltliner mit toller Pfeffernote und Frische.

2006 Cabernet Riserva DOC, Kurtatsch, Südtirol, 31 Euro
Südtirol hat aufgeholt, ein samtig cremiger Cabernet, sehr, sehr angenehm.

2007 Tatschler Kollwentz Chardonnay, Burgenland, 72 Euro
Chardonnay, in kleinen Eichenfässern vergoren, voll, wuchtig, elegant.

UHLENHORSTER WEINSTUBE

Heike und Lars Schippmann haben aus dem leicht behäbigen Weinkeller einen munteren Treffpunkt von Weinfreunden „auf der Uhlenhorst" gemacht. Schmiedeeiserne Weintrauben im Eingangsbereich verströmen noch einen Hauch von „Drosselgasse", doch das Angebot an Weinen und Speisen und der kundige flotte Service sprechen eine moderne Sprache. Klassiker der deutsch-österreichischen Küche wie Wiener Schnitzel mit Kartoffel-Gurken-Salat oder hausgemachtes Sauerfleisch vom Bioschwein mit Bratkartoffeln stehen auf der Karte, aber auch eine große Auswahl kreativ belegter Flammkuchen oder Ziegenkäse mit Rosmarin und Honig überbacken, dazu Salat mit Mecklenburger Wildkräuteröl. Auf die Weinempfehlungen von Lars Schippmann, zum bestellten Essen oder der eigenen Stimmung, kann man sich verlassen. Da die wenigen Außenplätze „drei Stufen runter" vor dem Eingang im Sommer hart umkämpft sind, wurde mit einem halben Dutzend Tischen und Stühlen auf dem breiten Gehweg für Entspannung gesorgt.

ADRESSE

Papenhuder Straße 29
22087 Hamburg, Uhlenhorst
Tel. 220 02 50
info@uhlenhorster-weinstube.de
www.uhlenhorster-weinstube.de

ÖFFNUNGSZEITEN

Mo – Sa ab 17 Uhr

NAHVERKEHR

Bus 6, 37, 172 Mundsburger Brücke

TEAM

Inhaber & Sommelier:
Lars Schippmann
Chefköchin: Heike Schippmann

SCHWERPUNKTE

Individuelle Weinberatung

ANGEBOT

80 Flaschenweine,
25 offene Weine

EMPFEHLUNGEN

2009 Riesling, trocken, Weingut Lorenz, Detzen-Mosel, Glas 0,2 l / 5,20 Euro, 0,5 l / 12,70 Euro, Flasche 25,40 Euro
So muss Moselriesling sein: steinig-mineralisch, mit Nuancen von Honigmelone und Aprikose im Duft. Am Gaumen frisch und fruchtig.

2009 Cuvee „Dialog", Johanneshof Reinisch, Thermenregion, Österreich, Flasche 24,50 Euro
Sauvignon Blanc dominiert mit seiner Tropenfrucht, der schmelzige Chardonnay, zu 20 % vom Barrique geküsst, hinterlegt das Ganze mit Fülle und Struktur.

2000 Le Baron de Brane, Henri Lurton, Brane Cantenac, Magaux Bordeau, Frankreich, 75 Euro
Herbe Frucht in der Nase, mit einem dichten, pfeffrigen Erdbeercharakter, volle Struktur am Gaumen, wenig Säure, griffige Tannine. 65 % Cabernet Sauvignon, 30 % Merlot und 5 % Cabernet Franc.

VLET-RESTAURANT

Der Name gibt zunächst Rätsel auf, doch „Vlet" ist nur die althochdeutsche Schreibweise für Fleet, also einen Kanal, der – in Hamburg – zur Elbe führt. Die moderne HafenCity liegt gegenüber, doch in der historischen Speicherstadt mit ihren roten Backsteinbauten, Giebeln, Türmchen und Erkern ist das „Vlet" auf der Kibbelstegbrücke das einzige Gourmetrestaurant. Mit dem modernen Innendekor – offene Stahlträger und im Mittelpunkt die von innen beleuchtete Bar aus grünem Glas – gelingt der Spagat zwischen Historie und Moderne. Die Speisekarte in Bistro und Restaurant gibt sich norddeutsch-kreativ und bietet dazu passende Weine an. Exzellent die Rieslingauswahl, mit viel Qualität, wie vom Weingut Dr. Loosen an der Mosel. Deutsche Weißweine spielen eine große Rolle, ansonsten liegt der Fokus auf den anderen bekannten Anbauregionen in Europa. Das Bistro ist der Platz für kleine Speisen (ab 4,90 Euro) und um zu einem Glas Wein die Backsteinarchitektur der Speicherstadt auf sich wirken zu lassen.

ADRESSE
Am Sandtorkai 23–24
20457 Hamburg, Speicherstadt
Tel. 33 47 53 75 11
Fax 33 47 53 75 12
info@vlet.de
www.vlet.de

ÖFFNUNGSZEITEN
Mo–Fr 12–14 Uhr und 18–22 Uhr,
Sa 18–24 Uhr

NAHVERKEHR
U2 Meßberg, U3 Rödingsmarkt,
Bus 3, 4, 6 Auf dem Sande

TEAM
Inhaber: Hans-Christoph Klaiber
Chefkoch: Thomas Sampl
Sommelière/Sommelier:
Neele Grünberg, Markus Ernst

SCHWERPUNKTE
Regionalküche mit Speicherstadtatmosphäre und begleitenden Weinen

ANGEBOT
130 Flaschenweine, 12–14 offene Weine

EMPFEHLUNGEN

2009 Weißburgunder Achat, Weingut Steitz, Rheinhessen, 29 Euro
Fruchtigfrisch, leichte Mineralität, zarte Note nach Äpfeln und Pfirsichen.

2008 Oeil-de-Perdrix AOC Les Mazots, Roséwein, Maurice Gay, Wallis, Schweiz, 38 Euro
Vollmundiger Rosé mit leichten Tanninen eines Rotweines. Idealer Sommerwein, wenn's kein Rotwein sein soll.

2007 Zweigelt, „Schwarz-rot", Weingut Johann Schwarz, Burgenland, Österreich, 114 Euro
Saftige, dunkle Beerenfrucht, gut eingebundene Tannine, gute Länge am Gaumen, etwas Kakao und Zwetschgenröster.

WATERKANT

Früher wurde das lustige Matrosenleben besungen, wo (angeblich) in jedem Hafen eine Braut wartete. Vielleicht haben einige Seeleute trotz anderweitiger Vergnügungen ja noch die Zeit gefunden, eine Flasche Wein mitzunehmen und ein typisches Rezept aufzuschreiben. Das „Waterkant" jedenfalls zaubert in seiner Show-Küche modern interpretierte Gerichte aus vielen Hafenstädten der Welt, Hamburg eingeschlossen. Die Weinkarte ist ähnlich international, mit guten Tropfen aus Deutschland, den westeuropäischen Mittelmeerländern, mit Südafrika, den USA, Argentinien und Neuseeland. Nur Österreich, so ganz ohne Seehafen, fällt etwas aus der Reihe, kann aber unter anderem mit dem Grünen Veltliner von Spitzenwinzer Willi Bründlmayer durch Qualität überzeugen. Wer seinen Besuch im „Waterkant" mit einem im Wortsinne erhebenden Glücksgefühl abschließen möchte, entschwindet mit dem Fahrstuhl in die Bar „20up" und lässt sich von einem Panoramablick auf Hafen und Stadt überwältigen. Ach ja, zwei Weiße und zwei Rote werden auch hier glasweise ausgeschenkt.

ADRESSE
Bernhard-Nocht-Straße 97
20359 Hamburg, St. Pauli
Tel. 311 19-704 80
waterkant@hotel-hamburg.de
www.restaurant-waterkant.de

ÖFFNUNGSZEITEN
Mo – So 17.30 – 23 Uhr

NAHVERKEHR
S1, S3 Reeperbahn oder Landungsbrücken, U3 St. Pauli, Bus 36, 37, 112 St. Pauli Hafenstr.

TEAM
Chefkoch: Sven Kracht
Sommelier: Sascha Ureidat

SCHWERPUNKTE
Internationale Weine und Speisen

ANGEBOT
130 Flaschenweine,
12 offene Weine

EMPFEHLUNGEN

2008 Sauvignon Blanc „Feuerstein", trocken, Lergenmüller, Flasche 32 Euro
Saftiger, mineralischer Sauvignon mit Aromen von reifen Pfirsichen, Stachelbeeren und Honigmelone. Am Gaumen mineralisch mit guter Länge und reifer Frucht.

2008 „Nussberg" Alte Reben, Gemischter Satz, Wieninger, Stammersdorf bei Wien, Österreich, Flasche 42 Euro
Vielschichtiger, würziger Wein, mit Aromen von Zitrusfrüchten, Ananas und Kräutern. Am Gaumen sehr lebendig, mit angenehmer Säure und Kraft.

2007 Shiraz „Blueprint", de Trafford, Stellenbosch, Südafrika, Flasche 55 Euro
Kräftiger, eleganter Shiraz, mit Aromen von Pflaumen, Gewürzen und reifen Beeren. Am Gaumen sehr komplex, viel Power und ein nicht enden wollender Abgang. Einer der besten Shiraz vom Kap!

WEINBAR ST. PAULI

Ein lockerer Treffpunkt für ein Glas Wein im Schnittpunkt von Schanze, Karo-Viertel und St. Pauli, nicht weit vom Stadion des FC St. Pauli. „Wir sind volksnah“, betont Raphael Kansky, einer der beiden Macher, und meint damit, dass auch Weinlaien mit schmalem Geldbeutel in der kleinen Bar (27 Sitzplätze) willkommen sind. Sämtliche Tropfen können auch glasweise bestellt werden, sodass die Gäste auch höherwertige Weine probieren können, ohne gleich eine Flasche zu bestellen. Passend dazu: ein wechselndes kleines Tapas-Angebot mit Oliven, mit gemischtem Käse oder Schinken-Wurst-Teller sowie Tortilla de Patatas oder einer Quiche. Donnerstags kommen auch Kulturdurstige zu ihrem Recht: mit Autorenlesungen zu aktuellen Büchern, kleinen „Unplugged“-Konzerten mit Musikern aus der Szene, Themenabenden wie zum Elsass mit Kultur, Geschichte, Weinen und Speisen oder Auftritten noch nicht arrivierter Kabarettisten. In der warmen Jahreszeit beschützt eine Markise knapp ein Dutzend Plätze vor der Tür vor Sonne oder Nieselregen.

ADRESSE

Neuer Kamp 19
20359 Hamburg, St. Pauli
Tel. 0157 / 81 91 08 62
kontakt@weinbar-stpauli.de
www.weinbar-stpauli.de

ÖFFNUNGSZEITEN

Mi – So 18 – 24 Uhr

NAHVERKEHR

U3 Feldstraße, Bus 3 Feldstraße

TEAM

Inhaber & Sommelier:
Heiko Schlesselmann,
Raphael Kansky

SCHWERPUNKT

Europa

ANGEBOT

20 Flaschenweine,
20 offene Weine

EMPFEHLUNGEN

2009 Grauburgunder, trocken, Hedesheimer Hof, Rheinhessen, Glas 0,1 l / 1,90 Euro, Flasche 16 Euro
Leicht, frisch, saftige Frucht, köstlich!

2006 Ontañon Rioja Crianza, Bodegas Ontañon, Spanien, Glas 0,2 l / 2,90 Euro, Flasche 18 Euro
Klassisch aristokratisch, 12 Monate im Barrique gereift. Kein schwerer Vertreter dieser typischen „neuen“ Riojas. Vielschichtig, herzhaft, mineralisch, klare Frucht.

2008 Garda Merlot Faial, La Prendina Azienda Agricola, Venetien, Glas 0,1 l / 6,90 Euro, Flasche 42 Euro
Die Hälfte der Merlot-Trauben werden luftgetrocknet. 18 Monate in Barriquefässern gereift. Dunkles Rubinrot, starkes Aroma, sehr dichter und fruchtiger Wein. Vollmundig, endloser Nachhall. Eine absolute Wucht!

WEINSTUBE ZUR TRAUBE

Blank gescheuerte schwere Holztische, Schnitzereien rund um Wein und Reben – eine Atmosphäre, die man in einer Weinbauregion, aber nicht in der Hansestadt vermuten würde. Die älteste Weinstube Hamburgs soll die „Traube“ sein, gegründet 1919, schon davor als reine Weinhandlung bei den Altonaer Bürgern beliebt. Deutsche und österreichische Tropfen stehen im Mittelpunkt, so ein Spätburgunder von Werner Näkel, einem der besten deutschen Winzer von der Ahr, oder der Riesling „Vom roten Schiefer“ des Moselaner Biowinzers Clemens Busch. Und natürlich dürfen auch die guten Tropfen aus Frankreich nicht fehlen. Von dort stammt auch Gilles Niel, ebenso wie die Weinstube „Zur Traube“, in der er seit mehreren Jahren den Kochlöffel rührt, eine Ottenser Institution. Der Küchenchef kann auf eine treue Fangemeinde zählen, die vor allem seine Lyoner Wurst mit Berglinsensalat, den großen gemischten Salatteller mit warmem Honig-Ziegenkäse und die Bretonische Fischsuppe liebt. Diese Klassiker stehen stets auf der Karte, ansonsten wechselt das Angebot je nach Saison. Während es im Erdgeschoss rustikaler zugeht, speisen im ersten Stock des Hauses die Freunde weißer Tischdecken.

ADRESSE

Karl-Theodor-Straße 4
22765 Hamburg, Ottensen
Tel. 39 90 82 36
Fax 570 34 53
info@zur-traube-hamburg.de
www.zur-traube-hamburg.de

ÖFFNUNGSZEITEN

Mo – So ab 18 Uhr

NAHVERKEHR

S1, S3 Altona

TEAM

Inhaberin: Karin Wege
Chefkoch: Gilles Niel
Sommelier: André Reuter

SCHWERPUNKTE

Deutsche und österreichische Weine

ANGEBOT

200 Flaschenweine,
40 offene Weine

EMPFEHLUNGEN

2009 Sauvignon Blanc, Pfalz, Weingut Benzinger, Glas 0,1 l / 2,90 Euro, 0,2 l / 5,50 Euro, Flasche 20 Euro
Frisch, mit zarten Noten von Zitrus, weich am Gaumen. Ein kraftvoller, dennoch spritziger Weißwein.

2007 Viña Puebla Selectión, Bodegas Toribio, Ribera del Guadiana, Extremadura, Spanien, 35 Euro
Direktimport, exklusiv in Norddeutschland! Eine Cuvée aus Tempranillo, Grenacha, Syrah und Cabernet Sauvignon. Tiefviolett, Aromen von dunklen Beeren und Kaffee, sanft am Gaumen, weiche Tannine, 3 Monate in kleinen Holzfässern gereift, ein betörender Wein!

2007 Ahrweiler Rosenthal, Spätburgunder, Großes Gewächs, Jean Stodden, Rech an der Ahr, VDP, 69 Euro
Unfiltriert, feine Würze, schön stoffig mit kraftvoller, reifer Frucht, 18 Monate in neuen Barriques gereift. Jean Stodden ist „Gault Millaus" deutscher Rotweinwinzer des Jahres.

WEINWIRTSCHAFT KLEINES JACOB

Die offene Küche mit dem gemauerten Steinbackofen verlassen typische Gerichte aus den europäischen Weinanbaugebieten: Piccata vom Kalb mit Niçoise-Gemüse und gebackener Polenta, Bouillon vom Tafelspitz mit Maultaschen oder Flammkuchen klassisch mit Speck, Zwiebeln und Crème fraîche. Die Weinkarte ist mithilfe von Lidwina Weh, Chef-Sommelière des Jacob-Restaurants auf der gegenüberliegenden Straßenseite, sorgfältig auf das kleine Speiseangebot abgestimmt. Auch ganz ohne Gerichte lässt sich in der Weinwirtschaft ein entspannter Abend genießen. Schließlich werden von den angebotenen Weinen immerhin drei Dutzend glasweise offeriert. Ein Riesling, Kabinett trocken, Hochheimer Stielweg, vom renommierten Weingut Künstler aus dem Rheingau ist dabei und ein exzellenter Bordeaux Supérieur vom Château Bolaire. Wer nicht allein vor seinem Weinglas vereinsamen möchte, kann an „Klönschnacks kleinen Weinabenden" teilnehmen, wo in Zusammenarbeit mit dem Klönschnack Verlag bei Snacks aus der Küche mit Winzern über ihre Produkte und die Arbeit im Weinberg „geschnackt" wird.

ADRESSE

Elbchaussee 404
22609 Hamburg, Nienstedten
Tel. 82 25 55 10
Fax 82 25 54 44
kleines-jacob@hotel-jacob.de
www.kleines-jacob.de

ÖFFNUNGSZEITEN

Mo, Mi, Sa 18–24 Uhr,
So 12–14.30 Uhr & 18–21.30 Uhr

NAHVERKEHR

Bus 36 Sieberlingstraße

TEAM

Inhaber: Familie Rahe
Chefkoch: Fernando Schröder
Sommelière: Lidwina Weh

SCHWERPUNKTE

Mediterrane Küche

ANGEBOT

95 Flaschenweine,
35 offene Weine

EMPFEHLUNGEN

2009 Grüner Veltliner, Lössterrassen, Schloss Gobelsburg, Kamptal, Österreich, 25 Euro
Besticht durch seine Frucht und Würze, die gut abgerundet in die Flasche gebracht wurde. Passt gut zu gegrilltem Fisch sowie hellem Fleisch.

2008 Saar Riesling, Weingut von Volxem, Wiltingen, Saar, 38 Euro
Dies ist ein Zusammenspiel von Mineralität, Frucht und dezenter Säure. Speiseempfehlung hierzu: Zander mit Pfifferlingen ist der passende Deckel zum Topf.

2007 Broy Collio, Collavini, Friaul, Italien, 85 Euro
Zart schmelzend, buttrig, wird abgerundet durch eine perfekte Frucht. Besser kann man diesen Barrique-ausgebauten Sauvignon Blanc nicht beschreiben. Passend zu: Arrosto di Manzo unter der Kräuterkruste mit mediterranem Gemüse und Pellkartoffeln.

WEINSPEICHER B

Weingenuss in modernem Ambiente, mitten in der futuristischen HafenCity und mit Panoramablick auf die Oldtimerschiffe im Sandtorhafen. Seit Kurzem ist dies kein unerfüllbarer Wunschtraum, sondern Realität. Das gediegen moderne Interieur mit Teakholzmobiliar, gemütlichen Sitzecken und kunstvollem Lichtspiel lädt geradezu zum Ausspannen ein. Von den 200 angebotenen Weinsorten schenkt Sommelier Andreas Lutz 80 Prozent auch im 0,1- und 0,2-l-Glas aus. Ein in Hamburg selten opulentes Angebot, das durch ein besonderes Vakuumierungsverfahren möglich ist. Der fachkundige Service hilft bei der Auswahl, auch um Speisen und Wein zu einem Gesamterlebnis zu verbinden. Dabei versteht es der Chef de Cuisine, Ronny Kallmeyer, Aromen auf überraschende Weise zu verbinden, so beim Salat von Pulpo und Kalbsrücken oder einer Riesling-Senf-Suppe mit gebratener Jakobsmuschel. Wer zusätzliche Flaschen des hier genossenen Weins mit nach Hause nehmen möchte, kann übrigens (fast) alle Tropfen zu Ladenverkaufspreisen erwerben.

ADRESSE
Am Kaiserkai 46
20457 Hamburg, HafenCity
Tel. 64 66 14 50
info@weinspeicher-b.de
www.weinspeicher-b.de

ÖFFNUNGSZEITEN
Mo 11–15 Uhr, Di–So 11–23 Uhr

NAHVERKEHR
U3 Baumwall,
Bus 6 Magellan-Terrassen

TEAM
Inhaber: Michaela Bury, Anja Blaufuß
Chefkoch: Ronny Kallmeyer
Sommelier: Andreas Lutz

SCHWERPUNKTE
Deutschland, im Weiteren Österreich und Südafrika

ANGEBOT
250 Flaschenweine, 200 offene Weine

EMPFEHLUNGEN

2008 Burg von der Leyen, Riesling, Lubentiushof, Mosel, Glas 0,1 l / 2,80 Euro, Flasche 19 Euro
Sehr mineralischer, vom Schiefer geprägter Riesling mit süffiger Frucht.

2007 Shiraz, Spice Route, Swartland, Südafrika, 34,50 Euro
Brombeeren, Rauch, Tabak, Olive. Würziger, kraftvoller Shiraz.

2007 Franz-Josef, Cabernet Sauvignon und Zweigelt, Hans Pitnauer, Carnuntum, Österreich, 79,50 Euro
Komplex, dicht, Kirsche, dunkle Beeren, Malz, Karamell.

ZUM GRINDELHOF – KÜCHE UND WEIN

In Frankreich wäre es ein Bistro, doch es passt bestens nach Hamburg. Auch ins Uni-Viertel am Grindelhof, wo in den vergangenen Jahren ein vielfältiges kulinarisches Angebot entstanden ist. Weine spielen in der modernen Bar eine wichtige Rolle, vor allem die aus deutschen Anbaugebieten an der Mosel, im Rheingau, am Mittelrhein und der Ahr. Rieslingweine, die dem deutschen Renommee in der internationalen Weinwelt zu neuem Glanz verholfen haben, sind prominent vertreten. Auch das Weingut Schneider, ein Shootingstar der Moselwinzer, ist auf der Karte präsent. Bordeaux wird von einigen Châteaux direkt importiert, Überseeweine reduzieren sich auf einige ausgewählte Tropfen, zum Beispiel aus dem Barossa Valley in Südaustralien. Ein munterer Service trägt in dem Weiß und Schwarz gehaltenen Gastraum Speisen auf, Salate, Suppen, leichte Bistrokost eben. Als Kontrast dazu gibt's Hähnchenbrust im Speckmantel und andere moderndeftige Gerichte auf der wechselnden Abendkarte. Beliebt in der warmen Jahreszeit: die markisenbeschützen Tische auf dem Trottoir.

ADRESSE
Grindelhof 64
20146 Hamburg, Rotherbaum
Tel. 18 98 95 51
tisch@zumgrindelhof.de
www.zumgrindelhof.de

ÖFFNUNGSZEITEN
Di–So ab 18 Uhr

NAHVERKEHR
U1 Hallerstraße,
Bus 5 Grindelhof

TEAM
Inhaber & Chefkoch:
Karl H. Sander
Sommelière: Michaela Schlichting

SCHWERPUNKT
Deutsche Weine

ANGEBOT
33 Flaschenweine,
25 offene Weine

EMPFEHLUNGEN

2009 Schiefergestein, Riesling, trocken, Weingut Hein Schneider, Leiwen, Mosel, Glas 0,1 l / 2,20 Euro, 0,2 l / 4,20 Euro
Ein mineralisch-frischer Moselriesling, jung, leicht und animierend, mit lebendiger Frucht.

2006 Bordeaux Rouge, Château Perayne, Henri Luddecke, St. André du Bois, Glas 0,1 l / 3,40 Euro, 0,2 l / 6,50 Euro
Ein ungewöhnlich weicher Bordeaux, in dem die reifen Fruchtnoten nicht von Holztönen überlagert werden. Ein perfekter Einstiegs-Bordeaux mit Lieblingsweinpotenzial.

2006 Spätburgunder, Auslese trocken, „Riske Création", Weingut Reinhold Riske, Dernau, Ahr, 45 Euro
Ein wundervoller deutscher Pinot Noir, typisch rubinrot im Glas, dabei von enormer Dichte und Fülle – ein Rotwein, wie er in Deutschland nur an der Ahr entsteht.

WEINTERMINE UND -EVENTS

HAMBURGER WEIN SALON

Januar

Seit gut 25 Jahren können Weinfreunde Spitzenerzeugnisse vieler Dutzend deutscher, europäischer und einiger überseeischer Winzer kennenlernen.

Börsensäle
www.best-of-wine.com/weinsalon/vorschau25.weinsalon.htm

WINESTYLE

Februar

Die „Weinmesse für Genießer" präsentiert Winzer aus aller Welt und ihre besten Gewächse. Vorträge und Seminare für Weinexperten vermitteln Fachwissen und Einblicke.

Deichtorhallen
www.winestyle.de

Die Zahl der Weintermine in Hamburg nimmt zu. Das Interesse daran auch. Orte und Zeiten können sich kurzfristig ändern. Soweit möglich, ist daher eine Webseite zur aktuellen Überprüfung angegeben.

MESS-WEINFESTIVAL

April Restaurant Mess und der Weinhimmel Mess veranstalten schon im achten Jahr ihr Weinfestival mit über 100 Weinen und Leckereien. Ein zweiter Termin findet im Herbst statt.

Turnerstraße im Karolinenviertel
www.mess.de/weinhandel/weinfest.php

WEINMESSE IM ANGLO-GERMAN CLUB

April Jedes Jahr an einem Sonnabend Mitte April lädt die Gastronomie Pütter zu ihrer Weinmesse in den exklusiven Anglo-German Club an der Außenalster. Repräsentanten renommierter deutscher und internationaler Weingüter stellen ihre Weine vor, der Weinhandel des Gastgebers informiert über sein Angebot. Jeder ist willkommen, nicht nur Clubmitglieder.

Anglo-German Club, Harvestehuder Weg
www.gastronomie-puetter.de

STUTTGARTER WEINDORF

Juli / August

Seit einem Vierteljahrhundert präsentieren Stuttgarter Weingärtner und Wirtsfamilien zwei Wochen lang ihre Weine und schwäbische Speisen in einem Laubendorf.

Rathausmarkt
www.stuttgarter-weindorf.de

FOODMARKET

September

Das in Hamburg ansässige Gourmetmagazin „Der Feinschmecker" und der Großmarkt Hamburg laden ein. Zwei Dutzend Köche aus Hamburg und Umgebung präsentieren Kostproben aus ihren Restaurants, etwa 75 regionale Erzeuger stellen ihre Produkte vor und verkaufen sie direkt.

Großmarkthalle
www.hamburger-foodmarket.de

DIE NACHT DER GUTEN WEINE

September Die Gemeinschaftsaktion von Weinhändlern in vielen deutschen Städten findet auch in Hamburg große Beteiligung. Mit Weinproben, Verkostungen und Kulturveranstaltungen in den teilnehmenden Weinhandlungen.

Viele Weingeschäfte in Hamburg
www.dienachtdergutenweine.com

VINORELL

Oktober Eine der größten privaten Weinmessen Deutschlands vom Hamburger Weinhändler Rindchen. Mit 90 Winzern und 400 Weinen.

Börsensäle, www.rindchen.de

WEINHAMBURG

Dezember Weinmesse mit vielen Winzern, Weingütern und Importeuren sowie knapp 900 Weinen aus aller Welt.

Kunsthaus Hamburg
www.weinhamburg.com

ADRESSEN

ALTONA

1 abbacus Weinkontor
Bahrenfelder Str. 75
22765 Hamburg | Ottensen
www.abaccus.de
info@abaccus.de
Tel. 39 84 43, Fax 39 90 05 15
Mo 15–20, Di–Do 11–20,
Fr–Sa 10–20 Uhr

2 Amadée
Max-Brauer-Allee 80
22765 Hamburg | Altona
› Siehe Seite 110

3 Au Quai
Große Elbstr. 145 b–d
22767 Hamburg | Altona
www.au-quai.com
info@au-quai.com
Tel. 38 03 77 30, Fax 38 03 77 32
Mo–Fr ab 12, Sa ab 18 Uhr

4 Brasserie La Provence
Eulenstraße 42
22765 Hamburg | Ottensen
› Siehe Seite 114

5 Bullerei
Lagerstraße 34 b
20357 Hamburg | Sternschanze
www.bullerei.com
info@bullerei.com
Tel. 334 42 11 33
Fax 334 42 11 99
täglich ab 18 Uhr

6 Castel Cosimo
Osdorfer Landstr. 224
22549 Hamburg | Osdorf
www.castelcosimo.de
info@castelcosimo.de
Tel. 80 19 99
Mo–Mi 15–18.30, Do 15–19 Uhr

7 Das Wein-Cabinet
Waitzstr. 26
22607 Hamburg | Othmarschen
› Siehe Seite 62

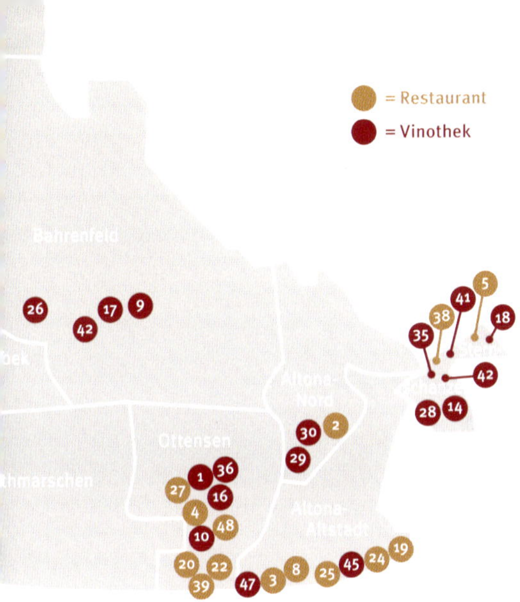

8 Fischereihafen Restaurant
Große Elbstr. 143
22767 Hamburg | Altona
www.fischereihafenrestaurant.de
info@fischereihafenrestaurant.de
Tel. 38 18 16, Fax 389 30 21
So–Do 11.30–22,
Fr–Sa bis 22.30 Uhr

9 Grande Mercato Andronaco
Beerenweg 24–26
22761 Hamburg | Bahrenfeld
www.andronaco.de
vertrieb@andronaco.de
Tel. 85 17 90 13, Fax 85 17 90 25
Mo–Fr 9 –19, Sa 9–18 Uhr

10 In Vino Veritas
Holländische Reihe 53
22765 Hamburg | Ottensen
www.wichmannweine.com
kontakt@wichmannweine.de
Tel. 39 90 49 50, Fax 399 05 05 51
Di, Do–Fr 11.30–19, Sa 10–14 Uhr

11 Jacobs Restaurant
Elbchaussee 401–403
22609 Hamburg | Nienstedten
www.hotel-jacob.de
restaurant@hotel-jacob.de
Tel. 82 25 50, Fax 82 25 54 44
tgl. 12.30–14 und 19–21.30 Uhr

12 Jacques' Wein Depot
Osdorfer Landstr. 239
22549 Hamburg | Osdorf
www.jacques.de
Tel. 800 22 16, Fax 800 53 12
Mo–Fr 13–20, Sa 10–16 Uhr

13 Jacques' Wein Depot
Wedeler Landstraße 84 b
22559 Hamburg | Rissen
www.jacques.de
Tel. 81 96 69 39, Fax 81 96 69 78
Mo–Do 14–19, Fr 13–20,
Sa 10–16 Uhr

14 Jacques' Wein Depot
Schanzenstr. 34
20357 Hamburg | Sternschanze
www.jacques.de
Tel. 319 28 46, Fax 317 54 33
Mo–Do 15–19, Fr 13–19,
Sa 10–16 Uhr

15 Kleines Jacob
Elbchaussee 404
22609 Hamburg | Nienstedten
› Siehe Seite 182

16 König & König Weinhandlung
Ottensener Hauptstr. 28
22765 Hamburg | Ottensen
www.koenigundkoenig.com
info@koenigundkoenig.com
Tel. 41 35 88 77, Fax 41 35 88 76
Mo–Mi 11–20, Do–Fr 11–24
Uhr, Sa 10–24 Uhr

17 Kühne Lage
Schützenstr. 39
22761 Hamburg | Bahrenfeld
› Siehe Seite 40

18 La Cantinetta
Lagerstr. 19
20357 Hamburg | Sternschanze
www.gourmethaus.de
info@lacantinetta.net
Tel. 43 19 02 76, Fax 43 19 02 77
Mo–Fr 8–17 Uhr

19 La Vela, Ristorante & Weinbar
Große Elbstr. 27
22767 Hamburg | Altona
www.la-vela.de
info@la-vela.de
Tel. 38 69 93 93, Fax 38 08 67 88
tgl. 12–23 Uhr

20 Landhaus Dill
Elbchaussee 94
22763 Hamburg | Ottensen
› Siehe Seite 134

21 Landhaus Flottbek
Baron-Voght-Straße 179
22607 Hamburg | Groß Flottbek
www.landhaus-flottbek.de
info@landhaus-flottbek.de
Tel. 822 74 10, Fax 82 27 41 51
Mo–Fr 12–14.30 und 18 22 Uhr

22 Landhaus Scherrer
Elbchaussee 130
22763 Hamburg | Ottensen
www.landhausscherrer.de
info@landhausscherrer.de
Tel. 883 07 00 30
Fax 883 07 00 20
Mo–Sa 12–15 und ab 18 Uhr

23 Le Chateau
Osdorfer Landstr. 131
22609 Hamburg | Osdorf
› Siehe Seite 22

24 Lutter & Wegner
Große Elbstr. 49
22767 Hamburg | Altona
www.lutter-wegner-restaurant-hamburg.de
info@l-w-hamburg.de
Tel. 809 00 90 00,
Fax 809 00 90 01
Mo–So 11–01 Uhr

25 Marseille
Große Elbstr. 164
22767 Hamburg | Altona
› Siehe Seite 138

26 Mövenpick Weinkeller
Theodorstr. 42
22761 Hamburg | Bahrenfeld
› Siehe Seite 46

27 Nia
Große Brunnenstr. 105
22763 Hamburg | Ottensen
www.nia-restaurant.de
info@nia-restaurant.de
Tel. 46 00 88 91, Fax 46 00 88 93
Nov – Apr tgl. ab 17, Rest des Jahres Mo – Fr ab 12, Sa – So ab 16 Uhr

28 Nobbi Müller Burgunder und Süßwein
Lippmannstr. 59
22769 Hamburg | Sternschanze
www.burgunder-suesswein.de
nobbi-mueller@gmx.de
Tel. 23 51 86 04
Do – Fr 16 – 20 Uhr

29 Nordisches Weinhaus
Eulenstr. 83 – 85
22763 Hamburg | Ottensen
Tel. 39 44 29, Fax 390 49 50
Mo 16 – 19, Di – Fr 11 – 19, Sa 11 – 16 Uhr

30 Oxhoft Weinhandel
Kleine Rainstr. 3
22765 Hamburg | Ottensen
www.oxhoft.de
info@oxhoft.de
Tel. 43 27 17 37, Fax 43 27 17 38
Mo – Fr 14 – 19, Sa 11 – 18 Uhr

31 Quellental
Quellental 36
22609 Hamburg | Nienstedten
www.quellental-restaurant.de
Tel. 82 24 22 70
tgl. 12 – 23 Uhr

32 Ravenborg pan y vino
Elbchaussee 520
22587 Hamburg | Blankenese
› Siehe Seite 50

33 Restaurant Engel
Landeanlage Teufelsbrück
22609 Hamburg | Othmarschen
www.restaurant-engel.de
Restaurant-engel@t-online.de
Tel. 82 41 87, Fax 822 69 95
Mo – Sa ab 11, So ab 10 Uhr

34 Rindchen's Weinkontor Groß Flottbek
Osdorfer Landstraße 33
22607 Hamburg | Groß Flottbek
www.rindchen.de
gross-flottbek@rindchen.de
Tel. 89 80 76 60, Fax 89 80 76 62
Mo – Fr 11 – 20, Sa 10 – 18 Uhr

35 Scarpovino
Susannenstr. 29
20357 Hamburg | Sternschanze
www.scarpovino.de
scarpovino@t-online.de
Tel. 439 00 43, Fax 41 46 78 32
Mo – Fr 10 – 19, Sa 10 – 17 Uhr

36 Schweizweit
Große Rainstr. 20
22765 Hamburg | Ottensen
› Siehe Seite 56

37 **Seven Seas**
Süllbergsterrasse 12
22587 Hamburg | Blankenese
› Siehe Seite 162

38 **Südhang**
Susannenstraße 29
20357 Hamburg | Sternschanze
› Siehe Seite 164

39 **Tafelhaus**
Neumühlen 17
22763 Hamburg | Ottensen
› Siehe Seite 166

40 **Vino – Ihr Weinmarkt**
Osdorfer Landstr. 218
22549 Hamburg | Osdorf
› Siehe Seite 60

41 **Wein & Boules**
Schanzenstr. 14
20357 Hamburg | Sternschanze
www.vinum-weinhandel.de
wein-boules@vinum-weinhandel.de
Tel. 43 49 51, Fax 430 54 47
Mo – Fr ab 12, Sa 10 – 16 Uhr

42 **Wein Outlet**
Stresemannstr. 375
22761 Hamburg | Bahrenfeld
› Siehe Seite 86

43 **Weinhaus in Rissen**
Wedeler Landstr. 28
22559 Hamburg | Rissen
Tel. 82 24 46 30, Fax 82 24 46 31
› Siehe Seite 38

44 **Weinhaus Röhr**
Blankeneser Landstr. 29
22587 Hamburg | Blankenese
› Siehe Seite 72

45 **Weinhaus Stratmann am Fischmarkt**
Große Elbstr. 135
22767 Hamburg | Altona
www.weinhausstratmann.de
fischmarkt@weinhaus-stratmann.de
Tel. 38 46 64, Fax 38 61 02 00
Mo – Fr 10 – 19, Sa 10 – 14 Uhr

46 **Weinhaus Stratmann Blankenese**
Erik-Blumenfeld-Platz 3
22587 Hamburg | Blankenese
www.weinhaus-stratmann.de
blankenese@weinhaus-stratmann.de
Tel. 86 24 66, Fax 86 66 20 26
Mo – Fr 10 – 18.30, Sa 10 – 14 Uhr

47 **Weinland Waterfront**
Große Elbstr. 146
22767 Hamburg | Altona
› Siehe Seite 80

48 **Weinstube Zur Traube**
Karl-Theodor-Straße 4
22765 Hamburg | Ottensen
› Siehe Seite 180

EIMSBÜTTEL

1 **Bistrot Vienna**
Fettstraße 2
20317 Hamburg | Eimsbüttel
www.vienna-hamburg.de
Tel. 439 91 82, Fax 439 91 82
Di – So 14 – 02 Uhr,
Küche ab 19 Uhr

2 **Café Solo**
Rutschbahn 17
20146 Hamburg | Rotherbaum
www.cafesolo-hh.de
info@cafesolo-hh.de
Tel. 0176 / 29 61 07 35
Di – Sa 11 – 23, So 11 – 18 Uhr

3 **engelke Pasta Olio Vino**
Eppendorfer Baum 20
20249 Hamburg | Harvestehude
www.engelke-hamburg.de
info@engelke-hamburg.de
Tel. 63 94 58 57, Fax 63 94 58 58
Mo – Sa 10 – 20 Uhr

4 **Il Peccato**
Weidenallee 25
20357 Hamburg | Eimsbüttel
› Siehe Seite 36

5 **Jacques' Wein Depot**
Rothenbaumchaussee 139
20149 Hamburg | Harvestehude
www.jacques.de
Tel. 41 35 63 37, Fax 41 42 86 99
Mo – Fr 12 – 20, Sa 10 – 16 Uhr

6 **Jacques' Wein Depot**
Kollaustr. 166 – 168
22453 Hamburg | Niendorf
www.jacques.de
Tel. 58 91 73 89, Fax 58 91 73 93
Mo – Mi 15 – 19, Do 15 – 20,
Fr 13 – 20, Sa 10 – 16 Uhr

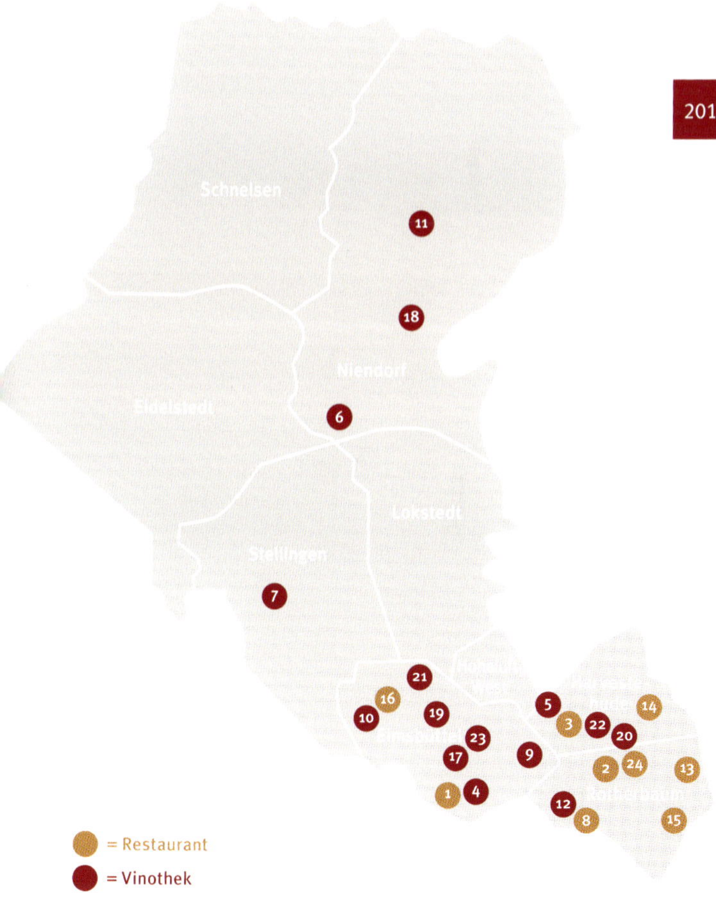
Schnelsen
Niendorf
Eidelstedt
Lokstedt
Stellingen
= Restaurant
= Vinothek

7 Jacques' Wein Depot
Kieler Str. 336
22525 Hamburg | Stellingen
www.jacques.de
Tel. 54 88 08 16, Fax 54 88 08 17
Mo–Fr 13–20, Sa 10–16 Uhr

8 La Mirabelle
Bundesstraße 15
20146 Hamburg | Rotherbaum
› Siehe Seite 132

9 La Vigna Weine
Beim Schlump 10–12
20144 Hamburg | Eimsbüttel
www.la-vigna-weine.de
la-vigna-weine@t-online.de
Tel. 45 20 91, Fax 450 40 32
Di–Fr 15–19, Sa 10–14 Uhr

10 Lehmitz Weinstuben
Faberstraße 21
20257 Hamburg | Eimsbüttel
› Siehe Seite 42

11 Méli-Mélo
Keltenweg 104
22455 Hamburg | Niendorf
meli-melo.hh@hotmail.de
Tel. 89 80 49 97
Mi–Do 17–19, Fr 17–21,
Sa 15–21 Uhr

12 Mezada
Rentzelstr. 13
20146 Hamburg | Rotherbaum
› Siehe Seite 44

13 Pius Weinwirtschaft
Milchstraße 25
20148 Hamburg | Rotherbaum
www.pius-weine.de
› Siehe Seite 144

14 Prinz Frederik im Hotel Abtei
Abteistraße 14
20149 Hamburg | Harvestehude
› Siehe Seite 150

15 Raven Restaurant & Lounge
Mittelweg 161
20148 Hamburg | Rotherbaum
www.raven-hamburg.de
service@raven-hamburg.de
Tel. 41 42 45 50
Mo–Fr und So ab 10,
Sa ab 15 Uhr

16 Vier Rosen
Stellingerweg 47
20255 Hamburg | Eimsbüttel
www.vierrosen.de
Tel. 43 28 23 50
Di–So 17.30–24 Uhr

17 Vineyard
Eppendorfer Weg 64
20259 Hamburg | Eimsbüttel
› Siehe Seite 58

18 Weindepot Krenzer
Garstedter Weg 172
22453 Hamburg | Niendorf
info@weindepotkrenzer.de
Tel. 55 50 41 52, Fax 55 50 41 53
Di–Fr 11–19, Sa 10–16 Uhr

19 WeingutWein
Eichenstr. 91
20255 Hamburg | Eimsbüttel
› Siehe Seite 64

20 Weinhaus am Grindel
Grindelallee 81
20146 Hamburg | Harvestehude
› Siehe Seite 66

21 Weinhaus Eimsbüttel
Stresemannallee 118
22529 Hamburg | Eimsbüttel
www.weinhaus-eimsbuettel.de
stresemann@weinhaus-stratmann.de
Tel. 22 54 09, Fax 220 22 94
Mo – Fr 10 – 19, Sa 10 – 14 Uhr

22 Weinhaus Gröhl
Eppendorfer Baum 7
20249 Hamburg | Harvestehude
› Siehe Seite 70

23 Weinrot
Eppendorfer Weg 86
20259 Hamburg | Eimsbüttel
› Siehe Seite 90

24 Zum Grindelhof – Küche und Wein
Grindelhof 64
20146 Hamburg | Rotherbaum
› Siehe Seite 186

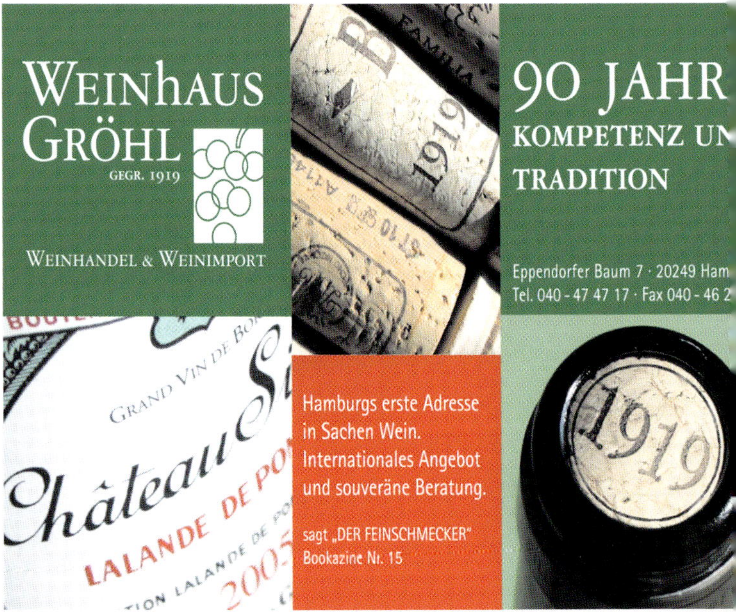
WEINHAUS GRÖHL
GEGR. 1919
WEINHANDEL & WEINIMPORT
90 JAHR
KOMPETENZ UN
TRADITION
Eppendorfer Baum 7 · 20249 Ham
Tel. 040 - 47 47 17 · Fax 040 - 46 2
Hamburgs erste Adresse in Sachen Wein. Internationales Angebot und souveräne Beratung.
sagt „DER FEINSCHMECKER"
Bookazine Nr. 15
GRAND VIN DE BO
Château
LALANDE DE PO
2005
1919
1919

MEZADA
IHR FACHGESCHÄFT FÜR FEIN
WEINE AUS ISRAEL
Koschere Weine aus Israel, den USA, Italien, Frankreich,
Portugal, Spanien, Australien, Deutschland
Rentzelstrasse 13, 20146 Hamburg
Tel. 040 44506204 | Fax 040 44506233
RECANATI
ONLINE BESTELLEN: WWW.MEZADA.D

NORD

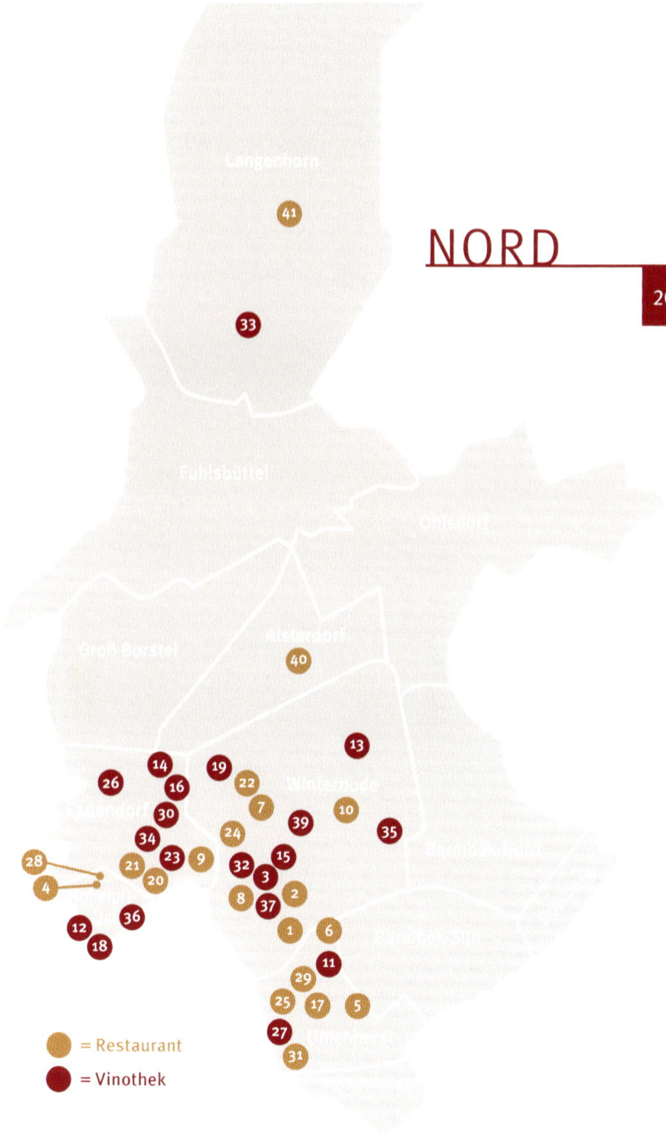
Langenhorn
Fuhlsbüttel
Ohlsdorf
Groß Borstel
Alsterdorf
Winterhude
= Restaurant
= Vinothek

1 Amaranto
Winterhuder Weg 146
22085 Hamburg | Winterhude
› Siehe Seite 112

2 Andalucia
Gertigstr. 11
22303 Hamburg | Winterhude
www.andalucia-hamburg.de
Tel. 59 45 32 21, Fax 59 45 32 22
Mo–Sa 18–24 Uhr

3 Andresen
Poelchaukamp 8
22301 Hamburg | Winterhude
› Siehe Seite 16

4 Casa de Aragón
Eppendorfer Weg 240
20251 Hamburg | Hoheluft-Ost
www.casadearagon.de
info@casadearagon.de
Tel. 420 29 03
Mo–So 17.30–23.30 Uhr,
im Winter Mo geschl.

5 Cavea Weinbar
Winterhuder Weg 142
22085 Hamburg | Uhlenhorst
www.weinbar-cavea.de
heike@weinbar-cavea.de
Tel. 87 87 69 56
Di–Fr 18–22, So 14–18 Uhr

6 Die Küchenwerkstatt
Hans-Henny-Jahnn-Weg 1
(Eingang Hofweg)
22085 Hamburg | Uhlenhorst
www.kuechenwerkstatt-hamburg.de
mail@kuechenwerkstatt-hamburg.de
Tel. 22 92 75 88, Fax 22 92 75 99
Di–So 12–15 und ab 19–21 Uhr

7 Dorotheum
Dorotheenstr. 176 a
22301 Hamburg | Winterhude
› Siehe Seite 122

8 Gallo Nero
Sierichstr. 46
22301 Hamburg | Winterhude
www.gallo-nero.net
corrado@gallo-nero.net
Tel. 27 09 22 29, Fax 27 80 67 44
tgl. ab 11.30 Uhr

9 Goldfisch
Isekai 1
20249 Hamburg | Eppendorf
www.goldfisch.de
info@goldfisch.de
Tel. 57 00 96 90, Fax 47 19 42 66
Mo–Sa 12–23, So ab 10 Uhr

10 Goldstück Bistro
Saarlandstr. 23
22303 Hamburg | Winterhude
www.goldstueck-bistro.de
info@goldstueck-bistro.de
Tel. 28 78 19 70
Mo–Sa 17–23 Uhr

11 Grüner Veltliner
Mozartstr. 4
22083 Hamburg | Uhlenhorst
› Siehe Seite 30

12 Guter Wein – Torsten Tesch
Eppendorfer Weg 176
20253 Hamburg | Hoheluft-Ost
› Siehe Seite 32

13 **Jacques' Wein Depot**
Mexikoring 33
22297 Hamburg | Winterhude
www.jacques.de
Tel. 630 17 04, Fax 632 75 10
Mo–Do 15–19, Fr 13–19,
Sa 10 – 15 Uhr

14 **Jacques' Wein Depot**
Lokstedter Weg 24
20251 Hamburg | Eppendorf
www.jacques.de
Tel. 40 18 71 54, Fax 40 18 71 58
Mo–Do 15–20, Fr 13–20,
Sa 10–16 Uhr

15 **Jacques' Wein Depot**
Mühlenkamp 59
22303 Hamburg | Winterhude
www.jacques.de
Tel. 27 80 78 90,
Fax 27 80 78 95
Mo–Mi 15–20, Do–Fr 11–20,
Sa 10–18 Uhr

16 **Kalkowski**
Erikastr. 47
20251 Hamburg | Eppendorf
Tel. 48 66 63
Mo–Fr 15–19, Sa 9–14 Uhr

17 **La Fayette**
Zimmerstraße 30
22085 Hamburg | Uhlenhorst
› Siehe Seite 130

18 **Lunaris Wein & Kunst**
Bismarckstr. 112
20253 Hamburg | Hoheluft-Ost
www.lunaris.de
info@lunaris.de
Tel. 43 25 11 33, Fax 430 61 49
Mo–Fr 16.30–20,
Sa 10.30–16 Uhr

19 **Pinot Gris Weinsalon**
Hudtwalckerstr. 28
22299 Hamburg | Winterhude
› Siehe Seite 48

20 **Pius Weinwirtschaft**
Hegestraße 14–16
20251 Hamburg | Eppendorf
› Siehe Seite 144

21 **Poletto Winebar**
Eppendorfer Weg 287
20251 Hamburg | Eppendorf
› Siehe Seite 146

22 **Portomarin**
Dorotheenstraße 180
22299 Hamburg | Winterhude
› Siehe Seite 148

23 **Rebsaal**
Eppendorfer Baum 44
20249 Hamburg | Eppendorf
› Siehe Seite 52

24 **Restaurant Louise**
Maria-Louisen-Str. 3
22301 Hamburg | Winterhude
www.louise-hamburg.de
restaurant.louise@web.de
Tel. 85 10 48 42, Fax 85 10 48 46
Mo und Mi–Fr 12–14.30 sowie
Mo und Mi–So 18–22 Uhr

25 **Rexrodt**
Papenhuder Straße 35
22087 Hamburg | Uhlenhorst
› Siehe Seite 158

26 Rindchen's Weinkontor Eppendorf
Christoph-Probst-Weg 3
20251 Hamburg | Eppendorf
www.rindchen.de
eppendorf@rindchen.de
Tel. 46 77 34 64, Fax 46 77 34 68
Mo–Fr 11–20, Sa 10–18 Uhr

27 Rindchen's Weinkontor Uhlenhorst
Hofweg 62
22085 Hamburg | Uhlenhorst
www.rindchen.de
uhlenhorst@rindchen.de
Tel. 22 66 09 91,
Fax 22 66 09 92
Mo–Fr 11–20, Sa 10–16 Uhr

28 Ristorante La Scala
Falkenried 54
20251 Hamburg | Hoheluft-Ost
www.ristorante-la-scala.com
Tel. 420 62 95, Fax 42 91 31 04
Di–So 19–24 Uhr

29 Ristorante Piccobello
Schenkendorfstraße 30
22085 Hamburg | Uhlenhorst
› Siehe Seite 152

30 Scarpovino
Eppendorfer Landstraße 87
20249 Hamburg | Eppendorf
› Siehe Seite 54

31 Uhlenhorster Weinstube
Papenhuder Straße 29
22087 Hamburg | Uhlenhorst
› Siehe Seite 172

32 Wein Magazin Hamburg
Dorotheenstr. 53
22301 Hamburg | Winterhude
www.weinmagazinhamburg.de
info@weinmagazinhamburg.de
Tel. 27 80 80 37
Mo, Mi–Fr 11–19, Di 16–19,
Sa 10.30–15 Uhr

33 Weinhaus am Stadtrand
Tangstedter Landstr. 22
22415 Hamburg | Langenhorn
› Siehe Seite 68

34 Weinhaus Cord Stehr
Eppendorfer Landstr. 9
20249 Hamburg | Eppendorf
weinhaus_stehr@t-online.de
Tel. 48 75 67, Fax 46 09 29 35
Mo–Fr 9–19, Sa 9–16 Uhr

35 Weinhaus Stratmann
Saarlandstr. 23
22303 Hamburg | Winterhude
› Siehe Seite 74

36 Weinlounge
Straßenbahnring 17
20251 Hamburg | Hoheluft-Ost
› Siehe Seite 82

37 weinlust
Mühlenkamp 14
22303 Hamburg | Winterhude
› Siehe Seite 84

38 **Weinquelle Lühmann**
Lübecker Str. 145
22087 Hamburg | Hohenfelde
› Siehe Seite 88

39 **Wijnhus der Hanse**
Krohnskamp 17
22301 Hamburg | Winterhude
› Siehe Seite 94

40 **Wonnebar**
Alsterdorfer Str. 235
22297 Hamburg | Alsterdorf
www.wonnebar.de
info@wonnebar.de
Tel. 22 60 18 04, Fax 22 60 18 05
Di – Sa 17 – 22 Uhr

41 **Zum Wattkorn**
Tangstedter Landstr. 230
22417 Hamburg | Langenhorn
www.wattkorn.de
Tischbestellungen@Wattkorn.de
Tel. 520 37 97, Fax 520 90 44
tgl. 11 – 24 Uhr

WANDSBEK

Duvenstedt
Wohldorf-Ohlstedt
Lemsahl-Mellingstedt
10
7
Bergstedt
Hummelsbüttel
Poppenbüttel
4
6
Sasel
Volksdorf
8
11
2
Wellingsbüttel
3
Steilshoop
5
Rahlstedt
Bramfeld
Farmsen-Berne
Tonndorf
1
Wandsbek
9
Jenfeld
Eilbek
Marienthal
= Restaurant
= Vinothek

1 Castel Cosimo
Ahrensburger Str. 71
22041 Hamburg | Marienthal
www.castelcosimo.de
info@castelcosimo.de
Tel. 66 90 42 92
Mo – Mi 15 – 18.30, Do 15 – 19 Uhr

2 Castel Cosimo
Wellingsbüttler Weg 174
22391 Hamburg | Wellingsbüttel
www.castelcosimo.de
info@castelcosimo.de
Tel. 536 04 24
Mo – Mi 15 – 18.30, Do 15 – 19 Uhr

3 Jacques' Wein Depot
Bramfelder Chaussee 443
22175 Hamburg | Bramfeld
www.jacques.de
Tel. 627 32 15 25 36,
Fax 52 73 48 29
Mo – Do 15 – 19, Fr 13 – 20,
Sa 10 – 16 Uhr

4 Jacques' Wein Depot
Saseler Damm 9 a
22395 Hamburg | Poppenbüttel
www.jacques.de
Tel. 601 02 22, Fax 601 02 20
Mo – Do 15 – 19, Fr 13 – 19,
Sa 10 – 14 Uhr

5 Jacques' Wein Depot
Bargteheider Str. 174
22143 Hamburg | Rahlstedt
www.jacques.de
Tel. 67 92 99 51, Fax 67 92 99 50
Di – Do 17 – 20, Fr 13 – 20,
Sa 10 – 16 Uhr

6 Rindchen's Weinkontor Sasel
Waldweg 1 a
22393 Hamburg | Sasel
www.rindchen.de
sasel@rindchen.de
Tel. 63 64 93 94,
Fax 61 18 66 38
Mo – Fr 11 – 20, Sa 10 – 16 Uhr

7 Stock's Fischrestaurant
An der Alsterschleife 3
22399 Hamburg | Poppenbüttel
www.stocks.de
info@stocks.de
Tel. 611 36 20, Fax 602 28 26
Di – Fr und So 12 – 15,
Di – So 18 – 23 Uhr

8 Vinum Weinhandel
Wiesenhöfen 2
22359 Hamburg | Volksdorf
Tel. 603 09 39, Fax 729 10 841
Mo – Fr 10 – 19, Sa 9 – 14 Uhr
Mo, Mi – Fr 11 – 19, Di 16 – 19,
Sa 10.30 15 Uhr

9 Weinhaus Reimer
Wandsbecker Marktstr. 41
22041 Hamburg | Wandsbek
www.weinhaus-reimer.de
info@weinhaus-reimer.de
Tel. 68 22 91, Fax 68 22 93
Mo – Sa 11 – 20 Uhr

10 Weinselection
Lemsahler Landstr. 195
22397 Hamburg |
Lemsahl-Mellingstadt
› Siehe Seite 92

11 Wine, Coffee and More
Barkhausenweg 6
22339 Hamburg | Wellingsbüttel
www.winecoffeemore.de
weincoffeemore@t-online.de
Tel. 53 05 28 03
tgl. 15 – 23 Uhr

MITTE

1 **Alsterhaus Weinabteilung**
Jungfernstieg 16
20354 Hamburg | Neustadt
www.alsterhaus.de
wein@alsterhaus.de
Tel. 35 90 15 84
Mo – Sa 10 – 20 Uhr

2 **Atlantic Restaurant**
An der Alster 72 – 79
20099 Hamburg | St. Georg
www.atlantic.de
Restaurant.atlantic@
kempinski.com
Tel. 288 88 60, Fax 24 71 29
Mo – Sa 12 – 15 und 18 – 23 Uhr

3 **Austernbar**
Koreastr. 1
20457 Hamburg | HafenCity
www.hamburg.austernbar.de
Hamburg@austernbar.de
Tel. 30 08 78 88, Fax 25 33 12 02
Di – Sa ab 11.30 Uhr

4 **Badisches Weinhaus Michael**
Klaus-Groth-Str. 84
20535 Hamburg | Borgfelde
www.badischesweinhaus.de
info@badischesweinhaus.de
Tel. 25 49 73 26, Fax 25 49 72 89
Do – Fr 9 – 18, Sa 10 – 13 Uhr

● = Restaurant
● = Vinothek

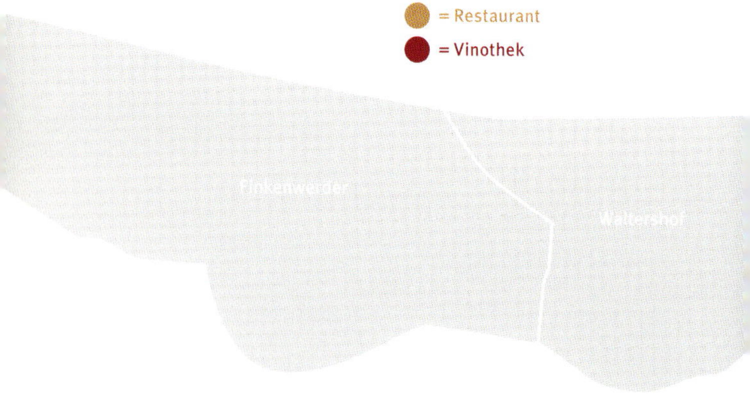

5 Brook
Bei den Mühren 91
20457 Hamburg | Altstadt
www.restaurant-brook.de
Tel. 37 50 31 28, Fax 37 50 31 27
Mo – Sa 12 – 15, 18 – 22.30 Uhr

6 Café Paris
Rathausstr. 4
20095 Hamburg | Altstadt
www.cafeparis.net
info@cafeparis.net
Tel. 32 52 77 77, Fax 32 52 77 78
Mo – Fr 9 – 23.30 Uhr,
Sa – So ab 10 Uhr

7 Calla
Heiligengeistbrücke 4
20459 Hamburg | Neustadt
› Siehe Seite 116

8 CARLS an der Elbphilharmonie
Am Kaiserkai 69
20457 Hamburg | HafenCity
› Siehe Seite 118

9 Casse Croûte
Büschstr. 2
20354 Hamburg | Neustadt
www.casse-croute.de
info@casse-croute.de
Tel. 34 33 73, Fax 358 96 50
Mo – Sa 12 – 24, So 17 – 24 Uhr

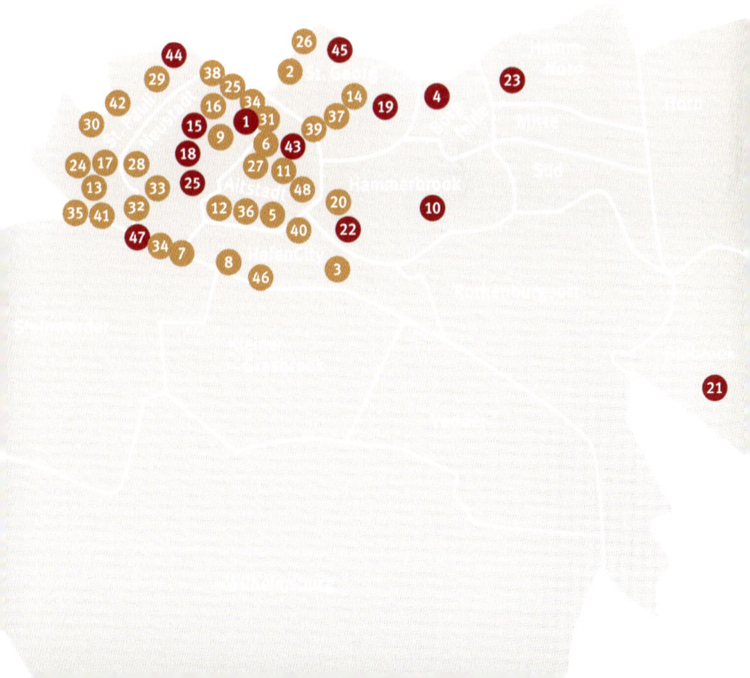

10 **Castel Cosimo**
Heidenkampsweg 84
20097 Hamburg | Hammerbrook
› Siehe Seite 20

11 **Cölln's Restaurant**
Brodschrangen 1–5
20457 Hamburg | Altstadt
www.coellns-restaurant.de
coellns-restaurant@web.de
Tel. 36 41 53, Fax 37 22 01
Mo–Fr 11–23, Sa 17.30–23 Uhr

12 **Cremon Lounge**
Cremon 33
20457 Hamburg | Altstadt
www.cremon-lounge.de
info@cremon.de
Tel. 36 21 90, Fax 36 21 94
Mo–Fr 11.30–22 Uhr

13 **Cuneo**
Davidstr. 11
20359 Hamburg | St. Pauli
www.cuneo1905.de
info@cuneo1905.de
Tel. 31 25 80, Fax 57 12 87 53
Mo–Sa 17.45–01 Uhr

14 **Das Dorf**
Lange Reihe 39
20099 Hamburg | St. Georg
www.restaurant-dorf.de
info@restaurant-dorf.de
Tel. 24 56 14
tgl. ab 18 Uhr

15 **Der Bocksbeutel**
Colonnaden 54
20354 Hamburg | Neustadt
› Siehe Seite 18

16 **Die Bank**
Hohe Bleichen 17
20354 Hamburg | Neustadt
› Siehe Seite 120

17 **east**
Simon-von-Utrecht-Straße 31
20359 Hamburg | St. Pauli
› Siehe Seite 124

18 **Enoteca im Hanseviertel**
Große Bleichen 36
20354 Hamburg | Neustadt
› Siehe Seite 24

19 **Euro Wein Kontor**
Danziger Str. 37-39
20099 Hamburg | St. Georg
› Siehe Seite 26

20 **Fillet of Soul**
Deichtorstraße 2
20095 Hamburg | Hammerbrook
› Siehe Seite 126

21 **Grande Mercato Andronaco**
Halskestraße 48
22113 Hamburg | Billbrook
› Siehe Seite 28

22 **Hanseaten Select – Helmut Brede**
Oberhafenstr. 1
20097 Hamburg | Hammerbrook
› Siehe Seite 34

23 **Jacques' Wein Depot**
Sievekingsallee 68
20535 Hamburg | Hamm-Nord
www.jacques.de
Tel. 21 68 18, Fax 219 69 91
Mo–Do 15–20, Fr 13–20,
Sa 10–16 Uhr

24 Jolie
Clemens-Schultz-Str. 42
20359 Hamburg | St. Pauli
www.jolie-restaurant.de
Tel. 33 39 68 62
Di–Mi ab 12, Do–So ab 16 Uhr

25 Kleinhuis
Fehlandtstr. 26
20354 Hamburg | Neustadt
› Siehe Seite 128

26 Le Ciel Restaurant
An der Alster 52–56
20099 Hamburg | St. Georg
› Siehe Seite 136

27 Le Plat du Jour
Dornbusch 4
20095 Hamburg | Altstadt
www.leplatdujour.de
Tel. 32 14 14, Fax 32 52 63 93
tgl. 12–22.30 Uhr

28 Marblau
Poolstraße 21
20355 Hamburg | Neustadt
www.marblau.de
welcome@marblau.de
Tel. 35 01 65 55, Fax 35 01 65 56
So–Fr ab 11.00, Sa ab 17 Uhr

29 Mess
Turnerstraße 9
20357 Hamburg | St. Pauli
› Siehe Seite 140

30 Nil
Neuer Pferdemarkt 5
20359 Hamburg | St. Pauli
› Siehe Seite 154

31 Parlament
Rathausmarkt 1
20095 Hamburg | Altstadt
› Siehe Seite 156

32 Piccolo Paradiso
Brüderstraße 27
20355 Hamburg | Neustadt
› Siehe Seite 142

33 Restaurant Haerlin
Neuer Jungfernstieg 9–14
20354 Hamburg | Neustadt
www.fairmont-hvj.com
gastronomie.hvj@fairmont.com
Tel. 34 94 33 10, Fax
34 94 26 06
Di–Sa 18.30–21.30 Uhr

34 Rialto
Michaelisbrücke 3
20459 Hamburg | Neustadt
www.rialto-hamburg.de
info@rialto-hamburg.de
Tel. 36 43 42, Fax 36 77 01
tgl. ab 11.30 Uhr

35 Riverkasematten
Fischmarkt 28–32
20359 Hamburg | St. Pauli
www.river-kasematten.de
service@river-kasematten.de
Tel. 30 06 01 90,
Fax 300 60 19 18
Mo–Fr ab 12, Sa–So ab 10 Uhr

36 Schoppenhauer
Reimerstwiete 20–21
20457 Hamburg | Altstadt
› Siehe Seite 160

37 **Sgroi**
Lange Reihe 40
20099 Hamburg | St. Georg
www.sgroi.de
Tel. 28 00 39 30,
Fax 28 00 39 31
Di – Fr 12 – 14.30 und
Di – Sa 19 – 22.30

38 **Tarantella**
Stephansplatz 10
20354 Hamburg | Neustadt
› Siehe Seite 168

39 **Tschebull**
Mönckebergstraße 7
20095 Hamburg | Altstadt
› Siehe Seite 170

40 **VLET-Restaurant**
Am Sandtorkai 23/24
20457 Hamburg | HafenCity
› Siehe Seite 174

41 **Waterkant**
Bernhard-Nocht-Straße 97
20359 Hamburg | St. Pauli
› Siehe Seite 176

42 **Weinbar St. Pauli**
Neuer Kamp 19
20359 Hamburg | St. Pauli
› Siehe Seite 178

43 **Weinhaus Stratmann City**
Mohlenhofstr. 3
20095 Hamburg | Altstadt
www.weinhausstratmann.de
mohlenhof@weinhaus-stratmann.de
Tel. 33 79 61, Fax 30 39 29 43
Mo – Fr 10 – 19, Sa 10 – 14 Uhr

44 **Weinhimmel Mess**
Turnerstr. 16
20357 Hamburg | St. Pauli
› Siehe Seite 76

45 **Weinkauf St. Georg**
Lange Reihe 73
20099 Hamburg | St. Georg
www.weinkauf-st-georg.de
info@weinkauf-st-georg.de
Tel. 280 33 87, Fax 280 33 87
Mo – Fr 11 – 19.30, Sa 10 – 18 Uhr

46 **Weinspeicher B**
Am Kaiserkai 46
20457 Hamburg | HafenCity
› Siehe Seite 184

47 **Weintafel-Landungsbrücken**
Ditmar-Koel-Str. 34
20459 Hamburg | Neustadt
www.weintafel.de
info@weintafel.de
Tel. 75 66 35 00, Fax 75 66 35 01
Di – Sa 12 – 20, So 12 – 18 Uhr

48 **Zippelhaus**
Zippelhaus 3
20457 Hamburg | Altstadt
www.zippelhaus.com
info@zippelhaus.com
Tel. 30 38 02 80,
Fax 30 39 91 90
Mo – Fr 12 – 14.30 und
Mo – Sa 18 – 22 Uhr

BERGEDORF

1 Heinrich von Have
Sachsentor 32
21029 Hamburg | Bergedorf
› Siehe Seite 78

2 Jacques' Wein Depot
Heidhorst 4
21031 Hamburg | Lohbrügge
www.jacques.de
Tel. 41 09 29 49, Fax 41 09 29 48
Di – Do 15 – 19, Fr 13 – 19,
Sa 10 – 15 Uhr

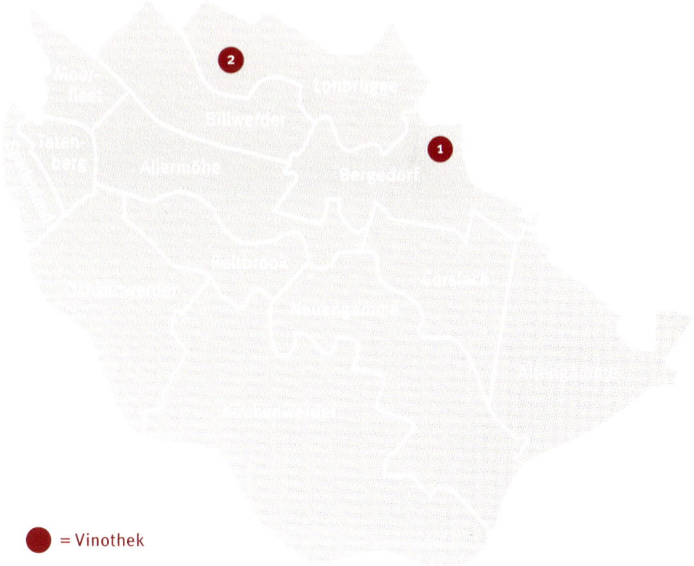

● = Vinothek

HARBURG

1 Jacques' Wein Depot
Cuxhavener Str. 480
21149 Hamburg |
Neugraben-Fischbek
www.jacques.de
Tel. 70 12 16 17, Fax 70 12 16 18
Di–Do 15–19, Fr 13–20,
Sa 10–16 Uhr

2 Jacques' Wein Depot
Trelder Weg 8
21079 Hamburg | Wilsdorf
www.jacques.de
Tel. 76 47 18 39, Fax 76 47 19 82
Di–Do 15–19, Fr 13–20,
Sa 10–16 Uhr

3 Weincontor im Centrumshaus
Am Centrumshaus 7
21073 Hamburg | Harburg
www.weincontor-hamburg.de
Weincontor@t-online.de
Tel. 765 53 87, Fax 765 50 49
Di–Fr 9–13 u. 14.30–18,
Sa 9.30–13 Uhr

= Vinothek
Altenwerder
Moorburg
Hausbruch
Heimfeld
Harburg
Neuland
Eißendorf
Gut Moor
Wilstorf
Marmstorf
Langenbek
Rönneburg
Sinstorf
3
2

AUSSERHALB HAMBURGS

Jacques' Wein Depot
Bremer Str. 44
21244 Buchholz
www.jacques.de
Tel. 04181 / 28 38 03
Fax 04181 / 28 38 04
Di–Do 15–19, Fr 14–19,
Sa 10–15 Uhr

Jacques' Wein Depot
Segeberger Chaussee 28 a
22850 Norderstedt
www.jacques.de
Tel. 50 79 12 36, Fax 51 31 69 55
Di–Do 15–19, Fr 13–20,
Sa 10–14 Uhr

Jacques' Wein Depot
Schönningstedter Str. 78
21465 Reinbek
www.jacques.de
Tel. 72 10 49 14, Fax 72 10 49 18
Di–Do 15–19, Fr 13–19,
Sa 10–15 Uhr

Jacques' Wein Depot
Bei der Doppeleiche 1–3
22926 Ahrensburg
www.jacques.de
Tel. 04102 / 69 58 85
Fax 04102 / 69 58 86
Di–Do 15–19, Fr 13–20,
Sa 10–15 Uhr

Rindchen's Weinkontor
Ellerhorst 1
25474 Bönningstedt
www.rindchen.de
boenningstedt@rindchen.de
Tel. 55 62 02 27, Fax 55 62 02 20
Mo–Fr 10–19, Sa 10–15 Uhr

Rindchen's Weinkontor
Hittfelder Landstr. 19
21218 Hittfeld
www.rindchen.de
hittfeld@rindchen.de
Tel. 04105 / 15 99 01
Fax 04105 / 15 99 03
Di–Fr 11–20, Sa 10–16 Uhr

Rindchen's Weinkontor
Hauptstr. 96
25462 Rellingen
www.rindchen.de
rellingen@rindchen.de
Tel. 04101 / 55 24 77
Fax 04101 / 55 24 78
Di–Fr 10–19, Sa 9–15 Uhr

»ABHAUEN MIT STIL«

Es muss ja nicht gleich Tahiti sein: Zauberhafte Orte, um die ganze Welt zu vergessen, finden sich auch in der Nähe. „Kleine Fluchten“ sind liebevoll eingerichtete Gasthäuser, die für Entspannung, Erholung und Gemütlichkeit sorgen und den Alltag einfach draußen lassen. In dieser Buchreihe präsentieren wir je 50 traumhaft schöne Gasthäuser, Hotels und Pensionen, die unsere Autoren besucht und bewertet haben – und von denen man viele getrost als Geheimtipp bezeichnen kann. Neben dem Buch „Kleine Fluchten für Genießer“ gibt es auch „Kleine Fluchten“ und „Kleine Fluchten Wellness“. Schließlich kann man gar nicht oft genug den Alltag hinter sich lassen.

KLEINE
FLUCHTEN
PENSIONEN MIT EXZELLENTEM RESTAURANT
Hamburger Abendblatt edition
für Genießer
für Wellness-freunde
Das Buch zu unserer beliebten Rubrik

Impressum

HERAUSGEBER: Claus Strunz, Hamburger Abendblatt

KONZEPTION UND REDAKTIONELLE LEITUNG: Axel Pinck
PROJEKTMANAGEMENT: Jan H. Groß (Leitung), Maren Wallraf
LEKTORAT: Gabriele Schönig, Andrea Wolf
VERLAGSGESCHÄFTSFÜHRUNG: Jan Bayer, Frank Mahlberg
GESTALTUNG: formlabor, Hamburg
TITELBILD: Gettyimages/Eric Tucker
BILDER: S. 4 istockphoto/© subjug, S. 6 Fotolia/diana adelberg, S. 8 istockphoto/© Enrico Fianchini, S. 11 istockphoto/© Jon Schulte, S14/15 Fotolia/volff, S. 22/23, S. 40/41, S. 44, S. 152/153 K4media Axel Pinck, S.98/99 istockphoto/© Bernd Lang, S. 103 istockphoto/© MvH, S. 108/109 Fotolia/Andrey Rogozin S. 221 istockphoto/© Jitalia17, S, 192/193 Fotolia/Douglas Gingerich
Wir danken allen Beteiligten für die Zurverfügungstellung von Bild- und Informationsmaterial.
GESAMTHERSTELLUNG: Print- und Medienproduktion HH
Printed in Germany

www.abendblatt.de

ISBN 978-3-939716-17-4